Back-Träume

Frisch aus dem Garten | Süß & pikant

GABRIELE
GUGETZER

blv

Inhalt

Vorwort   6

Frühling   8

Frische Kräuter, Rhabarber, Spargel, Erdbeeren und Blaubeeren – freuen Sie sich auf die feinsten und leckersten Frühlingsboten!

Sommer   40

Saftige Früchtchen und pikante Tartes – so zeigt sich der Sommer von seiner erfrischendsten Seite. Einfach lecker!

Herbst   92

Kuchen und Küchlein von saftig bis herzhaft, von aromatisch bis pikant: Der goldene Herbst kann kommen

Winter   134

Herzhafte Pizzen und krümelige Knusperkekse laden dazu ein, es sich mit Familie und Freunden so richtig gemütlich zu machen

Rezeptverzeichnis   166
Über die Autorin / Über die Fotografen   167

Vorwort

Backen – das ist längst nicht mehr spießig. Der Umgang mit Blaubeere und Lavendel, mit Tomate und Mangold, mit Haselnüssen, Crème fraîche und Rosenduft ist nämlich äußerst befriedigend. Und auch gar nicht knifflig. In diesem Buch haben wir Backrezepte zusammengestellt, die Ihnen auch gelingen werden, wenn Sie noch nie gebacken haben, sondern bislang eher auf Ihren grünen Daumen stolz waren.

Denn nicht nur das Backen ist wieder in. Wie einst unsere Großeltern sind wir eine Generation begeisterter Gärtner geworden. Ob der erste selbst gezogene Kürbis aus dem Schrebergarten oder die erste pralle, leuchtende Chilischote vom Balkon … wir sind – und das mit Recht – stolz auf solche kleinen Wunder.
Die nächste Frage ist: Was machen wir denn nun damit? So stolz wir auf diese Zöglinge auch sein mögen, wir können sie schließlich nicht wie Babyfotos unserer echten Söhne und Töchter in der Geldbörse herumtragen! Aber wir könnten mit ihnen backen … Und damit nicht nur die Wohnung parfümieren, sondern jemandem mit einem Zitronen-Crème-fraîche-Kuchen mit frischen Zucchini und Schokoladenraspeln einen Geburtstagskuchen backen. Oder eine Pizza mit selbst gemachter Tomatensauce zaubern. Oder altmodische Liebesknochen (auf Französisch heißen sie, typisch elegant, »Eclairs«) mit Johannisbeeren und Schlagsahne füllen. Wir könnten natürlich auch etwas mutiger werden und mit Roter Bete süße Muffins backen oder einen Kuchen mit Parmesan und selbst geräucherten Paprikaschoten … Oder sollen es lieber Klassiker sein wie Linzer Plätzchen mit selbst gemachter Himbeermarmelade?
Egal, wofür Sie sich entscheiden und worauf Sie Appetit haben: Damit der Schritt vom Garten oder vom Balkon in die heimische Backstube verlockend einfach ist, sind alle Obst- und Gemüsesorten in diesem Buch sehr präzise beschrieben. Wann sollen sie geerntet werden? Wie können sie aufbewahrt werden? Wie gesund sind sie eigentlich? Für den fixen Überblick haben wir uns Icons einfallen lassen, die zwischen vielseitig (✳), lagerfähig (✿) und gesund (✲) unterscheiden. Mit vielen Obst- und Gemüsesorten lässt sich nämlich sowohl süß als auch pikant und damit wunderbar vielseitig backen. Andere, wie Pastinaken, lassen sich prima lagern und verändern dann sogar den Geschmack. Und nicht nur Beeren, auch viele andere Obst- und Gemüsesorten haben starke Inhaltsstoffe, mit denen wir unserem Körper etwas wirklich Gutes tun.
Das Zauberwort dieses Buch ist jedoch »Frische«. Und »Herkunft«. Zu wissen, wo es herkommt, das ist unser aller Anliegen geworden. Und zu wissen, wie sich Kartoffel & Co. köstlichst verbacken lassen, das ist mein Anliegen für dieses Buch.

Ihnen viel Spaß dabei!

Frühling
lässt sein blaues Band ...

Frühling ist für viele von uns die schönste Jahreszeit. Nach einem langen Winter freuen wir uns auf Licht und Wärme. Darauf, dass der Boden langsam aufbricht und nach Frühling riecht, dass duftende Blütenpracht an Obstbäumen und Sträuchern gedeiht, dass die Tage endlich wieder länger werden. Frühling ist auch die Zeit für einen Neubeginn. Deshalb haben wir in diesem Kapitel altmodische Torten und ganz neue Geschmackskombinationen zusammengestellt.

Frühling heißt Neubeginn

Ein Frühlingsspaziergang ist eine richtige Wonne. Die Sonne hat nach der langen Winterzeit einfach wieder Lust, sich zu zeigen. Der Boden bricht auf, es duftet so, wie wir den Frühling kennen, in feinen Blütennoten. Die schönsten Farben des Frühlings sind Pastelltöne. Flieder und Blauregen leuchten in ungewöhnlichen und trotzdem lieblichen Blautönen. Zum ersten Mal im Jahr kann geerntet werden. Im Kräuterbeet ist schon richtig was los, der Rhabarber scheint den Spruch »Sauer macht lustig« erfunden zu haben, und das Königsgemüse, der Spargel, hat ein mineralisch-feines Aroma, das einfach perfekt zum Frühling passt.

Frühling ist auch die Zeit für einen Neubeginn. Deshalb haben wir in diesem Kapitel altmodische Torten und ganz neue Geschmackskombinationen zusammengestellt. Verwandeln Sie Erdbeeren in einen Engelskuchen, verzaubern Sie Sauerkirschen mit Waldmeister und peppen Sie Bärlauch mit Olivenstückchen auf.

✳ Erdbeere

Es gibt eigentlich niemanden, der Erdbeeren nicht mag. Dieses appetitlich-rote Früchtchen mit seiner niedlichen Form verheißt den Frühling in seiner ganzen Pracht. Erdbeeren sind vom gesundheitlichen Blickwinkel aus gesehen ebenfalls wahre Wuchtbrummen. Sie wirken harntreibend, blutreinigend und sollen in größerer Menge sogar den Blutdruck senken. Ganz reife Erdbeeren haben wesentlich mehr Vitamin C als Zitrusfrüchte. Nicht ganz reif geerntete Erdbeeren haben, interessanterweise, gleich 20 Prozent weniger Vitamin C. Doch wenn Erdbeeren vollreif sind, verderben sie rasch: Zwei Tage in der Kühlung (ungewaschen und auf Küchenkrepp in einer TK-Box gelagert), mehr ist nicht drin, denn dann sind sie matschig und haben sich die wertvollen Inhaltsstoffe, allen voran besagtes Vitamin C und die Polyphenole, schon wieder abgebaut.
Erdbeeren schmecken köstlich aus der Hand, als elegant mariniertes Dessert – Süßwein oder Orangenlikör harmonieren besonders gut – und in Gelees, Shakes und Marmeladen. Erdbeeren werden auch tiefgekühlt angeboten, aber das Ergebnis finde ich jedenfalls nicht überzeugend; oft verlieren sie ihre Form und ziehen zu viel Saft.

✳ Blaubeere

Sie schmeckt in Blaubeermuffins, im Kuchen, auf die Faust, in Marmeladen und Gelees, als Füllung von Pfannkuchen, mit einer Sahnehaube und sogar in pikanten Salaten. Die Blaubeere gehört zu den vielseitigsten Obstsorten, die wir kennen, und ist auf der anderen Seite des großen Teichs genauso beliebt wie in Deutschland oder Frankreich. Neben ihrer Vielseitigkeit und Beliebtheit zeichnet die Blaubeere noch etwas anderes aus: sie ist ein Superfood. Auf Deutsch heißt das, dass ihr mehr gesundheitlicher Nutzen zugeschrieben wird als den meisten anderen Obst- und Gemüsesorten. Je dunkler, so eine einfache Faustregel in der Ernährung, desto gesünder. Die dunkelblau bis lila glänzenden Blaubeeren haben entsprechend auch einen sehr hohen Anteil an Antioxidantien. Diese fangen die freien Radikale ein, die die Zellstruktur im Körper beschädigen können. Auch fürs Köpfchen sind Blaubeeren nach aktuellen Studien gut, und bei älteren Menschen (die Studie testete Blaubeerfans in den Siebzigern) erwiesen sich Blaubeeren als effektive Unterstützung des Gedächtnisses. Möchte man sie aufbewahren, dann sollte man sie verlesen und ungewaschen (!) in ein flaches Tiefkühlgefäß legen, idealerweise in einer Schicht, damit es keine Druckstellen gibt. Werden sie frisch geerntet, halten sie im Kühlschrank etwa fünf Tage. Sie lassen sich auch gut einfrieren. Dafür sollten sie vorher gewaschen werden und ebenfalls in einem flachen Tiefkühlcontainer in einer Schicht in der kühlsten Ecke der TK-Truhe gelagert werden. Nach etwa einer Stunde sind sie eingefroren und können dann in Portionsbeutel umgefüllt werden.

✳ Rhabarber

Botanisch gesehen ein Gemüse und kein Obst und überdies ein Lebensmittel, dass die Menschen entzweit. Rhabarber mag man entweder sehr oder man mag ihn gar nicht. Die Blätter dieser optisch an Staudensellerie erinnernden Pflanze sind übrigens toxisch und dürfen auf keinen Fall gegessen werden, sie enthalten Oxalsäure. Wenn Rhabarber jedoch sorgfältig geschält und gekocht wird, ist das gar kein Problem mehr. Dieses erste richtige Frühlingsobst gehört zu den mittlerweile immer wenigeren Sorten, die rein saisonal

angeboten werden. Ihr sauer-fruchtiges Aroma ergänzt sich sehr gut mit einer feinen Süße, beispielsweise mit Erdbeeren, oder in der Klassikertorte mit einer leichten Baiserdecke. Auch mit Ingwer harmoniert Rhabarber sehr gut und überraschenderweise auch mit Käse. Letzteres ist überdies interessant, weil Käse den Zahnschmelz schützt, der von der Oxalsäure angegriffen werden kann (einige von Ihnen kennen bestimmt auch das Phänomen der pelzigen Zähne nach einem Schälchen Rhabarberkompott).
Rhabarber hält sich frisch nur einige Tage im Kühlschrank, lässt sich aber gut einfrieren. Putzen und waschen Sie die Stängel, hacken Sie diese in mundgerechte Stücke und füllen Sie sie roh in Gefrierbeutel ein. Alternativ können Sie die Rhabarberstücke auch eingezuckert einfrieren. Wenn Sie ihn auftauen, eignet er sich dann am besten für Kuchen und Kompott.

✳ Sauerkirsche

Wie der Rhabarber wird auch die Sauerkirsche immer noch nur saisonal angeboten. Zwei bis drei Wochen dauert die Saison im späten Frühling, dann ist es auch schon wieder vorbei. Im Gegensatz zu Süßkirschen, die am leckersten aus der Hand schmecken oder vielleicht noch als Kompott, sind Sauerkirschen im rohen Zustand nicht wirklich beeindruckend. Sie schmecken jedoch wirklich köstlich als pikant geschmortes, fruchtiges Relish zu Wildgerichten oder Schweinefleisch und laufen in Kuchen zu echter Hochform auf.
Sauerkirschen sollten mit Stängel aufbewahrt werden. Sie halten sich im Kühlschrank in einem Gefrierbeutel bis zu zwei Tagen und sollten erst direkt vor dem Verzehr gewaschen und bei Wunsch entstängelt werden. Zum Einfrieren müssen Sauerkirschen entsteint werden (das geht besser mit einem Entsteiner als mit der Haarnadel-Methode unserer Großmütter). Geben Sie auf 1 Kilogramm entsteinte Sauerkirschen 3 EL feinsten Zucker, verrühren Sie die Kirschen gut und geben Sie sie in einen Gefrierbeutel, der dann gut zugedrückt werden muss, damit die restliche Luft im Beutel entweichen kann.

✳ Bärlauch

Vom Äußeren sollte man sich nicht täuschen lassen. Bärlauchblätter sehen Maiglöckchenblättern überraschend ähnlich. Aber Sie werden sie garantiert nicht durcheinanderbringen, wenn Sie mal am Bärlauchblatt geschnuppert haben. Man riecht sein relativ starkes Knoblaucharoma nämlich sofort. Bärlauch passt gut in Saucen, besonders gut zu Pastasaucen auf Sahne- oder Käsebasis, die ein bisschen Würze vertragen können, schmeckt ganz fein geschnitten aber auch im Salat und lässt sich gut verbacken, in Quiches oder Tartes, sogar in pikanten Kuchen.

✳ Blumenkohl

Man kann ihn roh essen, dämpfen oder verbacken – der Blumenkohl ist wirklich ein Allrounder, dessen Inhaltsstoffe ebenfalls nicht zu verachten sind. Er hat sehr viel Vitamin C und ist überdies eine gute Quelle für Eisen. Am besten hält er sich im Ganzen im Gemüsefach. Alternativ können Sie die Röschen abbrechen und in einem Kühlbeutel für Gemüse im Kühlschrank aufbewahren. Wenn er bereits gegart ist oder Reste übrig geblieben sind, dann schmecken diese gut in einem klassischen deutschen Auflauf mit Reibekäse und Sahne.

✳ Champignons

Champignons sind die Lieblingspilze der Deutschen. Vielleicht, weil sie nicht so intensiv schmecken wie beispielsweise Shiitake-Pilze oder Austernpilze. Sicherlich auch, weil sie sehr vielseitig sind: Sie sind leicht verdaulich, können also auch roh serviert werden (lecker beispielsweise in dünnen Scheiben, mit einem aromatischen Öl beträufelt und mit frisch geschrotetem Pfeffer bestreut). Wenn sie geschmort werden, verlieren sie nicht ihre Form, und ihr milder Geschmack nimmt das Aroma der anderen Zutaten, beispielsweise Kräuter oder Zwiebeln, gerne an.

Im Gegensatz zu allen anderen Pilzen können sie sogar – allerdings nur kurz – gewaschen werden, ohne matschig zu werden. Bewahren Sie sie im Gemüsefach auf.

❀ Dicke Bohne (oder Saubohne)

Dicke Bohnen, auch Saubohnen genannt, können frisch oder getrocknet zubereitet werden. Wenn sie frisch auf den Tisch kommen, müssen sie vorher nicht nur aus der dicken Schale gelöst, sondern auch von der relativ dicken Haut befreit werden. Diese ist nicht nur schwer verdaulich, sondern lässt die zart schmelzende Dicke Bohne im Inneren weder geschmacklich noch optisch zur Geltung kommen. Das Entfernen geht kinderleicht: Bohnen mit heißem Wasser übergießen, etwa eine Minute stehen lassen, dann lassen sich die hauchdünnen Bohnenkerne aus der Haut schnipsen.

✳ Dill

Dill gehört zu den Kräutern – im Gegensatz beispielsweise zu Estragon – die in getrockneter Form viel von ihrem Aroma verlieren. Sein Aroma ist eigentlich mit keinem anderen Kraut zu vergleichen; vielleicht galt es auch deshalb den alten Römern als Glückskraut. Es schmeckt schön zu Fisch, peppt Gemüse auf, passt gut zu Fleisch und zu Saucen, die mit Butter oder Sahne gemacht werden. Nach dem Ernten hält er sich am besten in einem Plastikbeutel. Binden Sie ihn schön prall zu, dann hält der Dill einige Tage.

✳ Erbsen

Ganz junge Erbsen schmecken einfach köstlich aus der Hand oder über einen Salat gestreut. Je praller die Erbsenschoten werden, desto dicker sind die Erbsen in der Schote. Dann haben sie ihre Süße verloren und schmecken viel besser gekocht oder gegart. Erbsen sind eine wunderbare Beilage zu Fisch, schmecken prima als Erbsenpüree zu Lammfleisch, können schön verbacken werden und passen als Suppeneinlage. Sie halten sich etwa zwei Tage im Gemüsefach und sollten erst direkt vor der Verwendung aus der Schale gepalt werden. Alternativ lassen sie sich aber ausgepalt perfekt einfrieren und geben im Winter dann einen leckeren Vitaminschub.

✳ Frühkartoffeln

Die echten Frühkartoffeln, die man bereits im Juni oder Juli ernten kann, sind im Gegensatz zu allen anderen Sorten nicht lagerfähig. Sie haben eine sehr dünne Schale, keimen zu schnell und werden dann weich. Aber ihr Aroma ist sehr fein. Frühkartoffeln schmecken ganz klassisch als Kartoffeln mit Stippe oder als Kartoffeln in der Schale mit etwas aromatischer frischer Salzbutter. Frühkartoffeln sollten unbedingt kühl, trocken und vor allen Dingen dunkel gelagert werden. Dennoch halten sie nicht länger als ein paar Wochen.

✳ Lauch

Von Kaiser Nero wird überliefert, er habe Lauch gegessen, um seine Sangesstimme zu verbessern. Die Waliser erhoben ihn zum Nationalsymbol, weil eine Lauchstange am Kriegshelm ihr Kriegsgeschick angeblich verbesserte. Sie trugen den Lauch beim Kampf sogar an der Mütze oder dem Helm; eindeutig ein cleveres Erkennungszeichen. Eindeutig belegt ist jedoch, dass Lauch gesund ist. Die mit Knoblauch und Zwiebel verwandten Stangen schmecken aromatisch, aber milder als ihre Verwandten. Sie haben kaum Kalorien, wirken herzstärkend, haben viel Mangan, Eisen und Vitamin C und sind – für Frauen interessant – gute Lieferanten von Folsäure. Sie schmecken prima im herzhaften Eintopf oder im edlen Sahnesüppchen und sind eine leckere Gemüsebeilage. Je dünner die Stangen sind, desto zarter schmeckt der Lauch. Im Gemüsefach und in einer Plastiktüte halten sich Lauchstangen etwa fünf Tage.

✳ Schnittlauch

Der würzige Schnittlauch ist mit der Zwiebel und dem Lauch verwandt, schmeckt jedoch wesentlich milder und passt gut in Saucen oder zu Salaten. Auch zu gekochten Speisen schmeckt Schnittlauch – am besten in Röllchen geschnitten – sehr gut, allerdings sollte er erst kurz vor dem Servieren zugegeben werden. Schnittlauch hat sehr viel Vitamin A und auch viel Kalzium und Kalium. Im Frühling ist Schnittlauch noch sehr zart und dünn und sollte so schnell wie möglich aufgebraucht werden. Er hält sich über Nacht in einem Plastikbeutel mit viel Luft. Im Sommer wird Schnittlauch dann kräftiger und kann auch eingefroren werden, am besten in Röllchen vorgeschnitten.

✳ Spargel, weiß und grün

Spargel gehört zur Lilienfamilie. Und jedes Land scheint seinen eigenen Favoriten zu haben. Während den Franzosen weißer Spargel mit einem lilafarbenen Köpfchen schmeckt, bevorzugen wir Deutschen schneeweißen Spargel. In Italien und im angelsächsischen Raum hingegen dominiert der würziger schmeckende grüne Spargel, der zwar nicht so edel ist, aber praktisch: Er muss nämlich nicht geschält werden. Auch die Enden müssen nicht abgeschnitten werden, sondern können einfach von Hand abgebrochen werden. Die Bruchstelle ist dort, wo das Spargelende nicht mehr holzig ist. Spargel, sowohl den grünen als auch den weißen, kann man übrigens roh essen. Er schmeckt dann ebenso; allerdings schließen sich ungegart seine gesunden Inhaltsstoffe nicht so gut auf. Im Gemüsefach des Kühlschranks hält sich Spargel ungeschält mehrere Tage, eingewickelt in ein feuchtes Küchenhandtuch. Alternativ können Sie die Enden frisch kappen und ihn mit den Enden nach unten in ein mit 2 – 3 Zentimeter kaltem Wasser gefülltes Gefäß stellen und mit einer Plastiktüte abdecken. Wenn Sie ihn einfrieren wollen, dann schälen Sie ihn vorher und verarbeiten ihn unaufgetaut, sonst wird er leicht matschig. Spargel schmeckt gedünstet, im Ofen gebacken, als Pizzabelag, als fein geschnittene Beilage oder Füllung sowie als lauwarmer Salat.

✳ Spinat

Das leckere Blattgemüse Spinat stammt ursprünglich aus dem Mittleren Osten, wurde aber schon im 8. Jahrhundert in Spanien kultiviert. Theoretisch hat Spinat viel Eisen und Vitamin A und C, aber er enthält auch Oxalsäure, die wiederum die Aufnahme von Eisen in unseren Körper verhindert. Trotzdem ist er natürlich sehr gesund, überdies jedoch sehr vielseitig. Babyspinatblätter schmecken ganz lecker als Salat, beispielsweise in der Kombination mit gerösteten Speck- und Eierwürfeln. Blattspinat ist eine feine Beilage zu Fisch, passt gut in Suppen, besonders auf Sahnebasis, und lässt sich ganz prima verbacken.

✳ Waldmeister

Für viele von uns ist Waldmeister ein Aroma aus Kindertagen. Das feinwürzige Aroma ist eigentlich kaum zu beschreiben. Es passt zur klassischen Maibowle ebenso gut wie als Sorbet oder Sahneeis und ergänzt sich auch sehr gut mit feinem Obst, beispielsweise Erdbeeren. Frischer Waldmeister hält sich in einer kleinen Plastiktüte im Kühlschrank 2 – 3 Tage. Wenn man ihn jedoch an einem kühlen dunklen Ort ganz natürlich etwas trocknen lässt, beispielsweise im Kleiderschrank, dann aromatisiert er ganz leicht und frisch die Kleidung und schmeckt auch intensiver als frischer Waldmeister.

Englische Erdbeerküchlein

Zutaten

Für etwa 20 Stück

500 g Mehl + Mehl
für die Arbeitsfläche
1 Päckchen Backpulver
1 EL Zucker
1 TL Salz
150 g weiche Butter
250 ml Vollmilch
750 g reife, aromatische
Erdbeeren
4 EL Zucker
250 g Sahne
1 Päckchen Vanillezucker

Außerdem

Ausstecher (etwa Ø 7 cm)
Pinsel

Die Engländer sind genauso »erdbeerverliebt« wie wir. Eines der traditions-reichsten Desserts der Insel, das sich besonders während des Tennisturniers von Wimbledon großer Beliebtheit erfreut, ist die Kombination von Erdbeeren mit Sahne *(strawbs and cream).*

1. Den Backofen auf 220 °C vorheizen. Das Mehl und das Backpulver in eine Schüssel sieben, Zucker und Salz unterrühren. 100 g Butter in Flöckchen unterrühren.

2. Die Milch angießen und alles zu einem Teig verrühren. In Frischhaltefolie wickeln und 30 Minuten kühlen.

3. Die restliche Butter in einem Töpfchen im Ofen zerlassen. Eine Arbeitsfläche bemehlen. Den Teig 0,5 cm dick ausrollen. Mit einem Ausstecher Kreise ausstechen und mit der flüssi-gen Butter bestreichen. Auf Backpapier auslegen und etwa 20 Minuten goldgelb backen.

4. Die Erdbeeren verlesen, waschen, entstielen, fein hacken und in einer Schüssel mit dem Zucker verrühren. Die Sahne cremig schlagen, dann den Vanillezucker zufügen und steif schlagen.

5. Das Gebäck auf einem Kuchengitter etwas auskühlen lassen, dann in der Mitte durch-schneiden. Eine Hälfte mit Erdbeeren belegen, mit der zweiten Hälfte bedecken, mit den restlichen Erdbeeren und mit Schlagsahne garnieren.

Rhabarbertorte meiner Mutter

Zutaten

Für 1 Torte und etwa 12 Portionen

3 Eier
250 g Zucker
100 g Margarine
200 g Mehl
2 TL Backpulver
1 TL Rum
500 g Rhabarber
je 1 EL Butter und
Semmelbrösel zum
Einfetten der Form

Außerdem

Mittelgroße Springform

Ein Klassiker, der längst sein Comeback feiern sollte, ist diese Eischneetorte mit Saurem. Sie klappt auch lecker mit Stachelbeeren oder roten Johannisbeeren und ist ein leckerer und kinderleichter Frühlingsbote, der auf einer Tafel richtig Eindruck macht. Lassen Sie sich von der Margarine im Teig nicht abschrecken – sie macht ihn luftig, stört aber nicht den Geschmack.

1. Die Eier trennen. Die Eigelbe beiseitestellen. Die Eiweiße zusammen mit 150 g Zucker mit dem Rührmixer in einer Schüssel steif schlagen, umfüllen und beiseitestellen.

2. Die Margarine mit dem restlichen Zucker mit dem Rührmixer in der Schüssel gut verrühren. Die Eigelbe nacheinander unterrühren, bis die Masse richtig aufhellt.

3. Das Mehl mit dem Backpulver verrühren, in die Masse sieben, vorsichtig unterziehen, dann gleichmäßig einarbeiten. Den Rum angießen und unterrühren.

4. Den Ofen auf 175 °C vorheizen. Den Rhabarber waschen, putzen, entfädeln und in dünne Scheiben schneiden.

5. Die Springform einfetten, mit Semmelbröseln ausstreuen, darauf den Teig und darüber die Rhabarberstückchen verstreichen. Oben die Eischneemasse verteilen.

6. Den Kuchen etwa 60 Minuten backen, bis er gar ist. Sollte die Eischneemasse zu stark eindunkeln, mit Alufolie abdecken.

Blaubeermuffins

Zutaten

Für 12 Muffins

120 g Butter
120 g Zucker
2 Eier
250 g Mehl
1 TL Backpulver
100 g Joghurt oder
Crème fraîche
150 g Blaubeeren

Außerdem

Muffinform oder
Papierförmchen

Für diese Muffins können Sie aromatisierten Joghurt nach Wunsch – gerne auch einen Rest – verwenden oder Crème fraîche. Das macht die Muffins schön saftig. Sie werden nicht ganz so akkurat, das macht die große Menge an Blaubeeren. Aber dafür sind sie einfach lecker und frisch aus dem Ofen am besten.

1. Den Ofen auf 190 °C vorheizen. Die Butter und den Zucker mit dem Rührmixer in einer Schüssel schaumig rühren. Die Eier nacheinander einarbeiten. Das Mehl mit dem Backpulver verrühren und unter die Masse sieben. Nur vorsichtig einkneten, sonst krümelt es nachher nicht so schön locker-leicht.

2. Den Joghurt oder die Crème fraîche unterrühren. Die Blaubeeren verlesen, waschen, trockentupfen und zu zwei Drittel einrühren.

3. Zwei Drittel des Teigs auf die Backform oder die Papierförmchen (setzen Sie für den besseren Halt zwei ineinander) verteilen. Die restlichen Blaubeeren auf den Teig geben, darüber den restlichen Teig verteilen.

4. Die Muffins 15 – 18 Minuten backen, kurz in der Form abkühlen lassen, dann stürzen.

Rhabarber-Biskuit-Törtchen

Dieser feine Biskuitboden ist ganz flink gemacht. Verwenden Sie für die Törtchen entweder eine Muffinform oder spezielle Törtchenbackformen, die Sie im Fachhandel und im Internet bekommen.

1. Den Rhabarber putzen und entfädeln. Das geht am besten mit einem Sparschäler. Den Rhabarber in Streifen von etwa 1 cm Breite schneiden und in eine Schüssel geben. Den Vanillezucker unterrühren und das Ganze 10 Minuten stehen lassen.

2. Den Ofen auf 180 °C vorheizen. Die Butter mit dem Zucker mit dem Rührmixer in einer Schüssel schaumig schlagen. Das Ei unterrühren und weiter schlagen, bis der Teig etwas flüssiger wird. Teigreste an den Schüsselseiten in den Teig schieben.

3. Das Mehl mit dem Backpulver verrühren. Vorsichtig in den Teig sieben. Nur noch ganz leicht schlagen, bis das Mehl untergezogen ist. Bei zu intensivem Schlagen wird der Teig hinterher nicht luftig.

4. Die Backform einfetten. Die Rhabarberstückchen bei Bedarf abtropfen lassen; die Flüssigkeit auffangen und von Hand unter den Teig rühren. Die Rhabarberstückchen auf dem Boden der Förmchen verteilen. Darüber den Teig verstreichen.

5. Die Törtchen etwa 20 Minuten goldgelb backen.

Tipp: Besonders fein schmeckt Rhabarber auch in Kombination mit Orangenlikör. Beträufeln Sie den Rhabarber mit 3 EL Likör und lassen Sie dafür den Vanillezucker weg.

Zutaten

Für etwa 16 Törtchen

500 g Rhabarber
1 Päckchen Vanillezucker
100 g Butter +
Butter zum Einfetten
100 g Zucker
1 Ei
100 g Mehl
1 TL Backpulver

Außerdem

Törtchenbackform
oder Muffinform

Sauerkirsch-Küchlein mit Waldmeister-Sahne

Klingt wie bei Omi, ist wunderbar altmodisch und aromatisch. Das sehr intensive und ungewöhnliche Aroma von echtem Waldmeister wird durch die erfrischende Säure der Sauerkirschen schön ausgeglichen.

1. Die Sahne in einem Töpfchen erwärmen. Den Waldmeister kalt abbrausen, trocken-schütteln und in der Sahne etwa 10 Minuten ziehen lassen, bis er sein Aroma entfaltet. Waldmeister entfernen.

2. Den Ofen auf 180°C vorheizen. Die Butter und den Zucker mit dem Rührmixer in einer Schüssel schaumig schlagen. Das Ei unterrühren und weiter schlagen, bis die Masse etwas aufhellt.

3. Die Sauerkirschen mit 1 EL Mehl bestäuben (dann sinken sie nicht so schnell zu Boden). Die Waldmeistersahne unter die Masse rühren.

4. Das Mehl mit dem Backpulver und dem Salz verrühren und unter die Masse rühren. Nicht zu lange rühren, sonst werden die Muffins beim Backen zäh.

5. Die bemehlten Sauerkirschen unter den Teig ziehen. Den Teig auf eine Muffinform verteilen und etwa 15–18 Minuten goldbraun backen.

Zutaten

Für etwa 12 Küchlein
100 g Sahne
1 Bund Waldmeister
100 g Butter
150 g Zucker
1 Ei
200 g Sauerkirschen
200 g Mehl
1 EL Backpulver
1 Prise Salz

Außerdem
Muffinform

Erdbeer–Pavlova

Zutaten

Für 1 Torte und etwa 8 Portionen

6 Eiweiß
1 Prise Salz
250 g Puderzucker
oder feinster Zucker
500 g reife Erdbeeren
1 EL feinster Zucker
200 g Sahne

Außerdem

Backpapier

Eine Baisertorte, die ihren Namen einer längst verblichenen australischen Operndiva verdankt. Sie ist kinderleicht zu backen, macht wirklich was her und verbraucht auf elegante Weise Eiweißreste.

1. Den Ofen auf 120 °C vorheizen. Die Eiweiße mit dem Salz mit dem Rührmixer schlagen, bis die Masse glänzend und steif ist. Danach mit einem Küchenspatel den Puderzucker bzw. Zucker unterziehen.

2. Ein Backblech mit Backpapier auslegen und den Teig zu einem Rund von etwa 20 cm Durchmesser ausstreichen; er kann ruhig ein bisschen uneben sein. Den Teig etwa 2 Stunden backen, bis er Farbe angenommen hat. Innen darf er nicht mehr flüssig sein, sollte aber noch etwas klebrig und zäh sein.

3. Die Erdbeeren verlesen, waschen, entstielen, fein schneiden und mit dem EL Zucker bestreuen. Die Sahne steif schlagen.

4. Zum Anrichten die steif geschlagene Sahne in der Mitte der Pavlova verstreichen und darauf die gezuckerten Erdbeeren verteilen.

Angel Cake mit Erdbeeren

Zutaten

Für 1 Kuchen und etwa 10 Portionen

12 Eiweiß (Eigelb für
Omelette verwenden)
1 TL Weinstein
Abrieb von 1 Bio-Zitrone
220 g Zucker
150 g Mehl
400 g Erdbeeren

Außerdem

Charlotte-Backform

Dieser luftig-leichte Kuchen heißt im Englischen passenderweise »Engelskuchen«. Die beste Form dafür ist eine Charlotte-Form. Die können Sie ganz vielseitig einsetzen, beispielsweise für einen Sommerbeeren-Kuchen oder für die klassische Charlotte mit Biskuitzungen.

1. Den Ofen auf 180 °C vorheizen. Die Eiweiße in einer großen Schüssel mit dem Rührmixer steif schlagen. Den Weinstein unterrühren und weiter schlagen. Den Zitronenabrieb einrühren. Dann den Zucker einrieseln lassen und schlagen, bis die Masse steif ist und glänzt.

2. Das Mehl in drei Portionen einsieben und vorsichtig mit einem Küchenspatel unterheben. Den Teig in die Backform einfüllen und etwa 35 Minuten backen, bis er goldgelb ist.

3. Die Erdbeeren verlesen, waschen, entstängeln und vierteln. Den Kuchen aufschneiden und mit den Erdbeeren servieren.

Tipp: Richtig Eindruck macht ein Angel Cake mit Füllung. Dazu benötigen Sie noch 500 g Konditorsahne und 80 g Zucker. Schlagen Sie die Sahne mit dem Zucker steif. Schneiden Sie den Angel Cake in der Mitte längs auf, befüllen Sie ihn mit einem Drittel der geschlagenen Sahne und der Hälfte der Erdbeeren. Mit der restlichen Schlagsahne können Sie den Kuchen von außen dekorieren; die restlichen Erdbeeren einfach nach Belieben vollständig auf dem Kuchen anrichten oder auch an den Seiten garnieren.

Spargelteilchen mit Schinkenstreifen

Zutaten

Für etwa 12 Stück

Für den Teig
1 EL Schmalz
1 EL Butter
1 EL geriebener Käse
100 g Mehl + Mehl
für die Arbeitsfläche

Für die Füllung
500 g Spargel
2 Eier
150 g Schmand
Salz und frisch
gemörserter Pfeffer
100 g gekochter Schinken

Außerdem
4 – 5 kleine Backformen
mit herauslösbarem
Boden oder
mittelgroße Springform

Für diese Spargelteilchen können Sie auch die preiswerteren dünnen Spargelstangen verwenden.

1. Für den Teig alle Zutaten in einer Schüssel mit dem Rührmixer verrühren. Alternativ klappt das auch im Standmixer oder sogar von Hand. Den Teig in Frischhaltefolie wickeln und 30 Minuten im Kühlschrank ruhen lassen.

2. Den Ofen auf 180 °C vorheizen. Für die Füllung den Spargel schälen, die Köpfe abschneiden, längs halbieren und beiseitelegen. Die Stangen in Rollen von etwa 1 cm Breite schneiden. Die Eier mit dem Schmand in einer kleinen Schüssel verrühren und mit Salz und Pfeffer pikant würzen. Den Schinken in feine Streifen schneiden.

3. Den Teig auf einer bemehlten Arbeitsfläche ausrollen und in die eingefettete(n) Form(en) einpassen oder mit den Fingern fest andrücken. Die Spargelstückchen auf dem Boden verstreuen, darüber die Schinkenstreifen verteilen.

4. Die Form(en) in den Ofen stellen und die Füllung hineingießen. Die Spargelspitzen darüber in einem dekorativen Muster anrichten. Je nach Größe der verwendeten Backformen zwischen 20 und 30 Minuten backen, bis die Eiermasse gestockt ist.

Pikanter Spinat-Champignon-Kuchen

Ganz einfach gemacht ist dieser Kuchen. Die Geschmackskombination Spinat und Dill habe ich aus der indischen Küche übernommen; das harmoniert sehr gut. Soll er gehaltvoll und sättigend sein, können Sie ihn noch mit Käse überbacken.

1. Für den Teig das Mehl in eine Schüssel sieben, die Butter mit einer groben Gemüsereibe hineinreiben und beides mit den Fingern oder zwei Messern verkneten. Das Salz und das Ei einarbeiten. Wenn der Teig noch nicht zusammenhält, mit 1–2 EL eiskaltem Wasser nachhelfen. Alternativ kann der Teig auch in einer Küchenmaschine zubereitet werden. Den Teig in Frischhaltefolie wickeln und 30 Minuten im Kühlschrank ruhen lassen.

2. Für die Füllung das Olivenöl in einer großen Schmorpfanne erhitzen. Die Schalotte abziehen, fein hacken, mehrere Minuten im Olivenöl glasig dünsten. Die Champignons mit einem feuchten Küchentuch reinigen, in feine Scheiben schneiden und einige Minuten mitgaren lassen.

3. Den Spinat verlesen, entstängeln, zweimal waschen und fein hacken. Dann unter die Champignons rühren. Einmal aufwallen lassen, dann abgedeckt bei leichter Hitze 5 Minuten köcheln, bis der Spinat zerfällt.

4. Die Dillspitzen unterrühren, die Crème fraîche mit den Eiern verschlagen und unterrühren, alles pikant würzen.

5. Den Ofen auf 180°C vorheizen. Den Teig auf einer bemehlten Arbeitsfläche ausrollen und in die Kuchenform einpassen, dabei einen kleinen Rand formen. Backpapier und Backerbsen darauflegen und den Teig 10 Minuten blind backen. Danach wieder entfernen.

6. Die Füllung auf dem Teigboden verteilen, den Käse reiben, darüber streuen und noch mal 25 Minuten goldbraun backen.

Zutaten

Für 1 Kuchen und etwa 8 Portionen

Für den Teig
200 g Mehl + Mehl für die Arbeitsfläche
100 g kalte Butter
1 Prise Salz
1 Ei

Für die Füllung
2 EL Olivenöl
1 Schalotte
250 g Champignons
1 kg Spinat
3 EL Dillspitzen
3 EL Crème fraîche
2 Eier
Salz
Schwarzer Pfeffer aus der Mühle
150 g Hartkäse oder nach Belieben

Außerdem
Mittelgroße Kuchenform
Backpapier, Backerbsen

Crêpes mit Frühlingskräutern

Zutaten

Für 6 – 8 kleine Crêpes

250 ml Milch
3 Eier
Salz
300 g Mehl
2 Handvoll Frühlingskräuter
nach Belieben
4 EL Butter
200 g Krebsfleisch
(z.B. Flusskrebsfleisch)
150 g Crème fraîche
2 EL trockener Vermouth
oder nach Belieben
3 Frühlingszwiebeln
Pfeffer aus der Mühle
200 g Greyerzer
oder anderer halbfester,
aromatischer Käse

Außerdem

Beschichtete Omelette- oder
Crêpes-Pfanne
Auflaufform (etwa 1 l)

Diese hauchdünnen Crêpes werden im Ofen mit feinem Käse überbacken. Sie können Salatkräuter wie Brennnessel, Brunnenkresse oder Bärlauch verwenden oder auch mal ein Unkraut verwerten, die Vogelmiere. Natürlich passen auch klassische Frühlingskräuter gut.

1. Für den Teig die Milch mit den Eiern, dem Salz und dem Mehl in einer Schüssel verrühren. Eiskaltes Wasser esslöffelweise zugeben und unterrühren, bis sich ein relativ flüssiger Teig bildet. Den Teig mindestens zwei Stunden durchkühlen (das macht ihn locker).

2. Die Kräuter verlesen, waschen, trockenschütteln und fein hacken. Unter den Teig rühren. Den Ofen auf 190 °C vorheizen.

3. Die Butter portionsweise in einer beschichteten Omelette- oder Crêpes-Pfanne erhitzen und den Teig portionsweise zu dünnen Crêpes ausbacken. Das dauert pro Crêpe von beiden Seiten etwa 1 Minute. Crêpes übereinander auf einen Teller legen.

4. Das Krebsfleisch mit der Crème fraîche und dem Vermouth in einem Topf kurz erhitzen, bis der Alkohol verflogen ist. Die Frühlingszwiebeln putzen, in feine Röllchen schneiden, unterrühren. Füllung salzen und pfeffern.

5. Die Füllung in einem dünnen Streifen in der Mitte der Crêpes verteilen, diese aufrollen, und mit der Naht nach unten in eine Auflaufform einschichten. Käse reiben, darüberstreuen. Crêpes kurz im Ofen erwärmen, bis der Käse zerlaufen ist. Heiß servieren.

Bärlauch-Käse-Teilchen

Zutaten

Für etwa 20 Teilchen

4 Eier, 100 ml Milch, 60 g pikanter Käse (z. B. mittelalter Gouda, Parmesan), 5 grüne entsteinte Oliven, 40 g Bärlauch, 200 g Mehl, ½ EL Backpulver, Salz und schwarzer Pfeffer aus der Mühle, Abrieb von ½ Bio-Zitrone

Außerdem

Muffin-, Mini-Gugelhupf- oder Cannelé-Backform

Diese Teilchen sind pikant-würzig und schmecken am besten zu einem Glas Wein. Die Bärlauchmenge ist relativ zurückhaltend dosiert, aber das ist letztendlich auch eine Geschmacksfrage. Sie können Sie in Muffinformen backen, aber so richtig was her machen sie in Mini-Gugelhupfformen oder in der französischen Cannelé-Backform, die es mittlerweile auch bei uns gibt.

1. Den Ofen auf 180 °C vorheizen. Eier und Milch mit dem Rührmixer in einer Schüssel verquirlen. Den Käse reiben, die Oliven fein hacken, beides unterrühren. Den Bärlauch waschen, ganz fein hacken und unterrühren.

2. Das Mehl mit dem Backpulver verrühren und unterziehen. Den Teig pikant würzen und mit dem Zitronenabrieb aromatisieren. Den Teig – er ist relativ flüssig – in die gewünschten Backformen füllen und je nach Backform 20 – 25 Minuten goldbraun backen.

Kartoffelbrot

Zutaten

Für 1 Brot und etwa 12 Portionen

½ Würfel Hefe, 2 EL Zucker, 100 ml Milch, 1 mittelgroße Kartoffel, Salz, 80 g Butter, 1 Ei, 300 g Mehl + Mehl für die Arbeitsfläche

Außerdem

Kastenbackform, Backpapier

Dieses leckere und zu süßen wie zu herzhaften Sachen schmeckende Brot ist kinderleicht zu machen. Es schmeckt frisch oder auch als Toast am nächsten Tag.

1. Die Hefe mit dem Zucker in der Milch und der gleichen Menge warmem Wasser auflösen. Abgedeckt an einem warmen Ort 15 Minuten gehen lassen, bis sich Blasen bilden. Die Kartoffel schälen, fein würfeln und in Salzwasser 10 Minuten weich kochen. Die Butter hacken und in einem Töpfchen zerlaufen lassen. Das Ei verquirlen und unter die Hefemischung rühren. Die Kartoffel zerdrücken und unterrühren. Danach erst die zerlaufene Butter, dann das Mehl unterrühren. Die Zutaten entweder von Hand auf einer bemehlten Arbeitsfläche oder mit dem Knethaken in der Küchenmaschine zu einem glatten Teig verrühren. Den Teig abgedeckt an einem warmen Ort 1 ½ Stunden auf das Doppelte gehen lassen.

2. Den Ofen auf 180 °C vorheizen. Den Teig einmal fest durchkneten und die Luft abschlagen. Eine Kastenbackform mit Backpapier auskleiden, und den Teig darin noch mal 30 Minuten gehen lassen. Den Teig etwa 45 Minuten goldbraun backen.

Lauchkuchen mit Blauschimmelkäse

Miso ist in Japan ein so gängiges Würzmittel wie bei uns Ketchup. Es wird aus Sojabohnen hergestellt und ist (im Reformhaus, im Bioladen oder im Asialaden) in mehreren Geschmacksrichtungen zwischen sehr pikant und leicht süß erhältlich. Bewahren Sie Miso einfach im Eisfach auf; dort hält es sich über viele Monate. Da es nicht gefriert, kann es direkt verarbeitet werden.

1. Das Mehl, die Butter, den Zucker und das Salz mit den Fingerspitzen zu einem Teig zerkrümeln. Alternativ in der Küchenmaschine unter Beigabe von 2 EL kaltem Wasser zu einem Teig verkneten. Den Teig in Frischhaltefolie wickeln und im Kühlschrank 1 Stunde ruhen lassen.

2. Den Ofen auf 180°C vorheizen. Die Lauchstangen putzen, in feine Ringe schneiden, und die Ringe unter kaltem Wasser abbrausen. Das Öl in einer Pfanne erhitzen und die Lauchstangen bei leichter Hitze mit dem Miso 5–8 Minuten weich köcheln. Salzen und pfeffern.

3. Den Teig aus dem Kühlschrank nehmen. Eine Springform einfetten. Den Teig auf einer Arbeitsplatte mit einem bemehlten Nudelholz ausrollen und in die Form einpassen. Einen Rand von 2 cm stehen lassen.

4. Den Lauch, die Eier und den Schmand verquirlen. Den Blauschimmelkäse fein bröseln und unterrühren. Die Masse als Füllung in die Form geben. Den Lauchkuchen etwa 25 Minuten goldbraun backen.

Zutaten

Für 1 Kuchen und etwa 10 Portionen

Für den Teig
250g Mehl, 120g Butter, 1 Prise Zucker, ½ TL Salz

Für die Füllung
3 mittelgroße Lauchstangen, 2 EL Pflanzenöl, 2 EL Miso, Salz und schwarzer Pfeffer aus der Mühle, Butter zum Einfetten, Mehl zum Ausrollen des Teigs, 2 Eier, 150g Schmand, 60g Blauschimmelkäse

Außerdem
Mittelgroße Springform

Erbsenflan mit Schnittlauch

Zutaten

Für 4 Portionen

200 g Erbsen
200 g enthülste
Dicke Bohnen
Salz
250 g Sahne
2 EL Butter + Butter
zum Einfetten
3 Eier
Schwarzer Pfeffer
aus der Mühle
4 EL Schnittlauch oder
8 Schnittlauchblüten

Außerdem

4 Auflauf- oder
Souffléförmchen
Tiefes Backblech

So schmeckt selbst gezogenes Gemüse richtig edel. Mit diesen feinen Flans können Sie sehr gut Gäste bewirten. Lilablaue Schnittlauchblüten sind zudem ein schöner Hingucker, aber auch andere Kräuter und Blüten passen.

1. Den Ofen auf 160 °C vorheizen. Die Erbsen und die Bohnen in zwei separaten Töpfen in wenig Salzwasser etwa 5 Minuten weich garen; abgießen.

2. Die Erbsen und Bohnen mit der Sahne und der Butter im Standmixer oder mit dem Pürierstab zu einer relativ glatten Masse rühren. Die Eier unterrühren. Die Masse pfeffern und bei Bedarf noch etwas salzen.

3. Die Auflauf- oder Souffléförmchen einfetten. Die Füllung in die Förmchen gießen. Diese auf ein tiefes Backblech stellen und in den Ofen schieben. So viel heißes Wasser angießen, dass es bis zur Hälfte des Förmchenrands reicht.

4. Die Flans etwa 20 Minuten backen, bis sie gestockt sind. Mit Schnittlauchröllchen oder Schnittlauchblüten bestreut servieren.

Walnusstarte mit Dicken Bohnen

Zutaten

Für 1 Tarte und etwa 12 Portionen

Für den Teig

200 g Mehl + Mehl für die Arbeitsfläche, 100 g Walnusskerne, 100 g Butter, 1 TL Salz

Für die Füllung

300 g Dicke Bohnen, 1 Bund Schnittlauch, 100 g Fetakäse, 100 g Crème fraîche, 2 Eier, Salz und schwarzer Pfeffer

Außerdem

Mittelgroße Quiche- oder Tarteform, Backpapier, Backerbsen

Diese Tarte können Sie prima am Abend vorher backen und bei einem gemütlichen, sonntäglichen Brunch servieren.

1. Das Mehl mit den Walnusskernen, der Butter in Flocken und dem Salz in einem Mixer pürieren, dann zu einem Teig verkneten. Alternativ die Walnüsse ganz fein hacken und per Hand mit den restlichen Zutaten zu einem Teig verkneten. Den Teig bemehlen und auf einer Arbeitsfläche ausrollen. Eine Quiche- oder Tarteform bei Bedarf einfetten, den Teig einpassen, einen 2–3 cm hohen Rand stehen lassen; bis zu 1 Stunde im Tiefkühlfach fest werden lassen.

2. Die Dicken Bohnen enthülsen. Den Schnittlauch kalt abbrausen, trockenschütteln und in feine Röllchen schneiden. Den Fetakäse zerkrümeln, mit der Crème fraîche und den Eiern verrühren und pikant würzen. Den Ofen auf 190 °C vorheizen. Backpapier und Backerbsen auf den Teige geben und die Tarte 10 Minuten blind backen. Dann die Temperatur auf 180 °C schalten. Die Dicken Bohnen und die Schnittlauchröllchen auf dem Teig verteilen. Darüber die Ei-Feta-Mischung angießen. Tarte etwa 40 Minuten goldgelb backen.

Lauch-Käse-Frittata

Zutaten

Für 1 Frittata und etwa 8 Portionen

2 Stangen Lauch (ca. 400 g), 1 Schalotte, 3 EL Butter, Salz und schwarzer Pfeffer, 1 EL Thymianblättchen, 100 g würziger Reibekäse (z. B. Greyerzer, mittelalter Gouda; kein Parmesan oder Pecorino), 6 Eier

Außerdem

Ofenfeste Bratpfanne

Eine Frittata ist italienisches Fastfood. Käse, Eier und Füllung nach Wunsch, ab in den Ofen. Noch ein Vorteil: So eine Frittata schmeckt warm und kalt und lässt sich – nämlich in der Backform – auch sehr einfach transportieren, ist also ideal als Mitbringsel zum gemeinsamen Grillen oder Picknick.

Den Lauch vom Grün befreien, in feine Ringe schneiden, kalt abbrausen. Die Schalotte abziehen und fein hacken. Den Ofen auf 180 °C vorheizen und die Butter in einer ofenfesten Pfanne zerlassen. Das Gemüse darin 5 Minuten köcheln, dann salzen, pfeffern, mit Thymianblättchen und Käse verrühren. Die Eier aufschlagen, salzen und über das Gemüse gießen. Die Frittata im Ofen 15 Minuten backen, bis sie stockt und goldgelb ist.

Spargelquiche mit Zitronencreme

Der Teig für diese Quiche wird mit etwas Schmalz gemacht und kann praktischerweise gleich verarbeitet werden.

1. Für den Teig das Mehl mit der Butter und dem Schmalz mit den Händen zerkrümeln. 1–2 EL kaltes Wasser unterrühren und kneten, bis der Teig zusammenhält. Den Teig auf einer Arbeitsfläche ausrollen und in die Backform einpassen, dabei einen kleinen Rand stehen lassen. Etwa 30 Minuten im Tiefkühlfach durchkühlen lassen.

2. Inzwischen für die Füllung den Spargel waschen, die Spargelenden abbrechen, die Köpfe etwa 3 cm lang abschneiden, den Rest in feine Scheiben schneiden. Den Ofen auf 180 °C vorheizen.

3. Den Spinat verlesen, die Stängel entfernen, den Spinat mindestens zweimal waschen, dann abtropfen lassen. In einem Topf ohne weitere Wasserzugabe 5 Minuten köcheln, bis er zusammenfällt, dann fein hacken. Den Schnittlauch kalt abbrausen, trockenschütteln, fein hacken und unter den Spinat mischen. Die Spargelköpfe 5 Minuten in köchelndem Salzwasser garen, dann abtropfen lassen.

4. Die Crème fraîche mit dem Zitronenabrieb verrühren, nach Wunsch salzen. Die Hälfte der Creme mit den Eiern verquirlen. Den Teigboden mit Spinat und Spargelröllchen auslegen, darüber die Eiercreme verteilen, dann die Spargelspitzen in einem dekorativen Muster auslegen. Die Quiche etwa 30 Minuten goldbraun backen. Bei Tisch die restliche Crème fraîche dazu reichen.

Zutaten

Für 1 Quiche und etwa 8 Portionen

Für den Teig
200 g Mehl, 50 g Butter, 50 g Schmalz (z. B. Gänseschmalz)

Für die Füllung
500 g grüner Spargel, 1 kg Spinat, ½ Bund Schnittlauch, Salz, 200 g Crème fraîche, Abrieb von 1 Bio-Zitrone, 2 Eier

Außerdem
Mittelgroße Quiche- oder Springform

Blumenkohl-Crumble mit Speck

Zutaten

Für 1 Crumble und etwa 10 Portionen
1 kleiner Blumenkohl
1 Zitrone
Salz
6 Scheiben Frühstücksspeck
1 kleines Bund Petersilie
1 kleine Knoblauchzehe
150 g mittelalter Gouda oder Cheddar
1 EL Senf
1 TL mildes Paprikapulver
Salz
200 g Schmand
50 g kalte Butter + Butter zum Einfetten
150 g Dinkelmehl
50 g Haferflocken

Außerdem
Mittelgroße Auflaufform

So schmeckt Blumenkohl Ihrer Familie, das verspreche ich. Gesund ist er auch und der Crumble so lecker herzhaft, dass er sich prima für ein Picknick eignet.

1. Den Blumenkohl vom Strunk befreien und in kleine Röschen schneiden. Die Röschen mit Zitronensaft beträufeln und in wenig Salzwasser 10 Minuten garen, dann abgießen. Den Ofen auf 180 °C vorheizen.

2. Die Speckscheiben ohne weitere Fettzugabe in einer beschichteten Pfanne knusprig-braun backen, dann auf Küchenpapier abtropfen lassen und zerkrümeln. Die Petersilie kalt abbrausen, trockenschütteln und die Blättchen fein hacken. Die Knoblauchzehe abziehen und fein hacken. Den Käse reiben.

3. Die Speckkrümel mit den Petersilienblättchen und der Knoblauchzehe mit 100 g geriebenem Käse, Senf, Paprikapulver, Salz und Schmand in einer Schüssel verrühren. Eine Auflaufform einfetten. Die Blumenkohlröschen auf dem Boden verteilen. Die Schmandmischung angießen.

4. Aus der Butter, dem restlichen Käse, dem Dinkelmehl und den Haferflocken in einer Schüssel mit den Fingern Krümel bzw. Streusel reiben. Diese Krümel über die Schmandmischung geben. Den Crumble etwa 30 Minuten goldbraun backen.

Summertime,
and the living is easy ...

Die ganze Pracht des Sommers zeigt sich in den Früchten. Zuckersüß können sie sein, saftig, samtig, säuerlich, selbst knackig. Früchte haben besonders viele Vitamine, und ihre appetitliche Farbpalette von Apricot bis zum beerigen Blau macht einfach gute Laune.

Sommerzeit ist Beerenzeit

Im Sommer durch den Garten zu gehen ist eine reine Freude. Denn nun sind die feinsten Früchtchen des Jahres endlich saftig und reif. Aprikosen, Brombeeren, Himbeeren, Johannisbeeren und Stachelbeeren leuchten von Sträuchern und Büschen. Ihre appetitlichen Farben spiegeln die ganze Pracht des Sommers wider. Die zarten weißen Himbeeren und Johannisbeeren sehen nicht minder appetitlich aus als die rotbackigen Aprikosen oder die tiefdunklen Brombeeren.

Instinktiv machen wir mit unserem Appetit auf solche Früchtchen auch alles richtig, was unsere Gesundheit anbelangt. Beeren stecken voller Antioxidantien, die gegen die Alterung helfen sollen, sie stärken das Immunsystem und das Herz, haben viele Mineralstoffe und – vielleicht überraschenderweise – auch viele (gesunde) Ballaststoffe.

Außerdem schmecken sie so gut, dass man sie am liebsten direkt naschen möchte. Aber wer gute Ernte macht, freut sich bestimmt über unsere Kuchen- und Keksrezepte mit der Sommerausbeute.

❁ Aprikose

Eine enge Verwandte des Pfirsichs. Ist saftig und aromatisch und schmeckt auch noch getrocknet sehr lecker. Sie enthält viel Eisen, Kalzium und Vitamin A. Ist vielseitig, nämlich nicht nur als süßes Obst und für Kuchen zu verwenden, sondern auch geschmort oder als Füllung zu Fleisch. Trotz ihrer Süße ein absolutes Abnehm-Food: Eine einzelne Aprikose hat weniger als 20 Kalorien. Aprikosen schmecken frisch, direkt aus der Hand, lassen sich aber auch gut trocknen. Das können Sie sogar selbst und ohne Hilfsmittel machen: Reife Aprikosen waschen, halbieren, entsteinen, in Streifen schneiden. Ein Loch hineinbohren und an einem Bindfaden (damit es nicht rutscht) zum Trocknen aufhängen. Im Dörrapparat oder im Backofen bei Niedrighitze geht es natürlich schneller.
Wann geerntet wird, ist sehr von der Sorte abhängig. Im Juli geht's los, beispielsweise mit den Marillen aus der Wachau. Späte Sorten kommen erst im Herbst. Aprikosen lassen sich einige Tage an einem kühlen Ort (idealerweise nicht im Kühlschrank) lagern.

✳ Birne

Es gibt über 5000 Birnenarten. Ihnen allen ist gemeinsam, dass sie im Gegensatz zu den meisten Obstsorten nach dem Pflücken noch nachreifen. Sie können also gepflückt werden, wenn sie noch hart sind. Sind sie reif, bekommen sie schnell braune Flecken. Die Birne hat einen hohen Anteil an Ballaststoffen und besitzt überdies Folsäure, was für Schwangere wichtig ist. Birnen lassen sich sehr gut als richtig schön altmodisches Kompott verwerten. Wählen Sie dazu Birnen aus, die noch nicht ganz reif sind und noch etwas Biss haben. Alternativ können Sie überreife Birnen jedoch pürieren und dann unter das Kompott rühren. Mit einem Schuss Alkohol (beispielsweise Birnenschnaps oder einem feinen süßeren Likör wie Beaumes-de-Venise) schmeckt es dann besonders gut. Überreife Birnen können Sie als Püree auch prima in Muffins und anderem Kleingebäck verbacken.

✳ Brombeere

Die lecker-säuerliche Brombeere schmeckt am besten frisch gepflückt. Nach 1–2 Tagen wird sie matschig, was aber nichts ausmacht, wenn man mit ihr backen möchte. Die Brombeere hat besonders viele Antioxidantien, und ihr relativ hoher Tanningehalt soll, so ein altes Hausmittel, sich sogar bei Halsentzündungen bewähren. Brombeeren sind ein prima Bestandteil eines selbst angesetzten Rumtopfs. Sie werden zwar weich, behalten im Gegensatz zu Erdbeeren aber noch ein wenig Biss. Wenn Sie sie einfrieren wollen: Sie halten etwa sechs Monate im Tiefkühlfach, danach bekommen sie den Gefrierbrand und schmecken nicht mehr wirklich gut.

✳ Himbeere

Die geschmacksintensivste unter den Beeren und auch eine der anfälligsten. Sie ist weich und zart und verdirbt schnell, lässt sich jedoch im Kühlschrank mehrere Tage aufbewahren. Am besten dann auf einem Backblech auslegen, damit sie keine Druckstellen bekommen. Und wenn Sie sie einfrieren wollen, dann bitte ebenfalls auf einem Backblech, das für etwa 20 Minuten in die Tiefkühltruhe kommt. Dann einfach in passende Beutel umfüllen. Himbeeren liefern viel Eisen und Vitamine. Und sind einfach perfekt für Marmelade.

✳ Johannisbeere

Es gibt sie in Weiß, Schwarz und Knallrot. Sie schmeckt immer säuerlich und eignet sich deshalb nicht nur für das süße Backen, sondern auch als pikantes Sößchen, beispielsweise zu Wild. Auch als optisches Highlight dekoriert, macht sie viel her. Die Johannisbeere hat viele Ballaststoffe und als schwarze Beere noch mehr Vitamin C. Sie hält sich einige Tage im Kühlschrank, lässt sich aber auch sehr gut trocknen, entweder in einem Backofen bei etwa 80 °C, idealerweise aber in einem Dörrautomaten.

✳ Mirabelle

Mit viel Kalium, das entwässernd wirkt, und viel Vitamin B und C ist die Mirabelle ein gesundes Naschobst. Man findet die Bäume oftmals am Wegesrand; die aus der Mode gekommenen Früchte liegen meist unbeachtet auf der Erde. Ein bisschen zu süß vielleicht, aber als Kuchenfüllung und Marmelade sehr gut geeignet.

✳ Pfirsich / Nektarine

Pfirsiche und Nektarinen sind köstlich zum Aus-der-Hand-Naschen, wobei sich Pfirsiche noch leckerer snacken lassen, wenn man ihre oft pelzige Haut abzieht. Je reifer der Pfirsich, desto einfacher klappt das. Pfirsiche und Nektarinen – letztere übrigens keine Kreuzung aus Pfirsich und Pflaume, sondern eine Mutation mit glatter Haut – schmecken als kurz gegarte Beilage zu Schweinefleisch, im Kuchen oder auf der Obsttorte, als Dessert in sahniger Sauce oder als Likör. Beim Einkochen verschwindet das Aroma ein bisschen – Marmelade oder Konfitüre schmecken mit einem Schuss Schnaps interessanter. Pfirsiche werden übrigens fast über Nacht reif, deshalb kann man sie auch noch etwas hart ernten und in einer Papiertüte mit Löchern mehrere Tage nachreifen lassen.

✳ Kirsche

Kirschen gab es schon vor der Jahrtausendwende, kaum überraschend, denn sie schmecken nicht nur fabelhaft, sondern sind – Frucht und Blüte – auch optisch sehr ansprechend. Kein Wunder, dass Kirschblütenfeste nicht nur in Japan gefeiert werden! Süßkirschen haben eine ansprechende Herzform, Sauerkirschen sind eher rund und zum Naschen eigentlich zu sauer, dafür aber perfekt in Aufläufen, Kompotts oder Kuchen. Süßkirschen schmecken am besten direkt aus der Hand genascht. Beide Sorten halten, nicht gewaschen und in einem Gefrierbeutel aufbewahrt, einige Tage im Kühlschrank.

✳ Pflaume / Zwetschge

Wenn Sie Münchner sind, dann ist Ihnen das bestimmt bekannt: Die Aufregung um den ersten Zwetschgendatschi des Jahres. Wenn die Zwetschgen kommen, kommt auch der Spätsommer, der nicht nur in südlichen Breitengraden noch mal richtig prächtig sein kann. Sie sind eine Unterart der Pflaume und erkennbar an ihrem schönen Lila. Pflaumen hingegen können gelb sein, knallrot, sogar schwarz gefärbt. Das Fruchtfleisch der Zwetschge ist grünlich, das der Pflaumen rötlich oder dunkler. Schmecken tun alle beide hervorragend und eignen sich für die unterschiedlichsten Zubereitungsarten, vom Pflaumenmus über den klassischen Hefedatschi bis hin zur geschmorten Beilage zu Schweinefleisch oder als Trockenobst. Pflaumen und Zwetschgen halten im Gemüsefach des Kühlschranks einige Tage.

✳ Quitte

Ihr wunderbarer Duft parfümiert eine ganze Wohnung, aber die in unseren Breitengraden angebauten Sorten mögen noch so schön duften, roh essbar sind sie nicht, da viel zu bitter und hart. Quitten müssen lange geköchelt werden, und eignen sich dann als pikante Beilage zu Fleischgerichten und als Füllung für leckeres Backwerk. Sie sind zwar ein bisschen arbeitsintensiv, denn die ungekochten Früchte sind sehr hart und auch ihre Schale lässt sich nicht so leicht abschälen wie beispielsweise die von Zucchini. Aber sie lassen sich sehr vielseitig weiterverarbeiten. Dank ihres hohen Pektingehalts sind sie für Gelees und Marmeladen wunderbar geeignet. In Spanien wird eine nicht so süße Version des deutschen Quittenbrots, Membrillate genannt, zu den würzigen spanischen Hartkäsen serviert. Und das gerade erwähnte Quittenbrot mit ein wenig Orangenaroma (Quitte und Zucker im Verhältnis 2 : 1) sollte dringend wieder in Mode kommen. Es braucht nach dem Kochen noch etwas zwei Tage, bis es durchgetrocknet ist und aufgeschnitten werden kann.

✳ Reineclaude

Sind Sie verschleckert, achten aber auf Ihre Figur? Dann ist die olivgrüne, saftig-süße Reineclaude (Reneklode) genau die richtige Frucht für Sie. Sie hat einen hohen Zuckergehalt, aber wenig Kalorien und ein Aroma, das fast an Parfüm erinnert. Zwischen Juli und August schmeckt sie am besten, lässt sich wunderbar zu Marmeladen oder Fruchtpürees verarbeiten und einfach aus der Hand naschen. Reineclauden enthalten Phenolsäure wie Flavonoide und viel Phosphor. Damit sie nicht so schnell verderben, können Reineclauden geerntet werden, wenn sie noch nicht vollreif sind. Bei Zimmertemperatur reifen sie dann nach.

✳ Stachelbeere

Sauer macht lustig. Aber das erstens gleich in vielen appetitlichen Farbtönen und zweitens, weil die Beeren für Pikantes und Süßes geeignet sind. Meist kennen wir die Stachelbeere nur als rote oder grüne Beere, es gibt sie aber auch in Weiß und sogar in Gelb. Die Haut ist etwas gewöhnungsbedürftig, doch das verschwindet bei der Zubereitung. Zu Fisch ist eine säuerlich gehaltene Stachelbeersauce pikant und ungewöhnlich, unter einer Eischneehaube ist eine säuerliche Stachelbeere eine erfrischende Abwechslung. Auch schön in Weißwein eingelegt und als Marmelade.

✳ Traube

Reife Trauben kann man, je nach Region und Sorte, nicht nur für den Weinbau ernten, sondern auch für den Genuss. Sie schmecken als Ergänzung einer Käseplatte, in Kuchen und Pies, zu pikant-fruchtigen Salaten und natürlich aus der Hand. Auch wenn Sie kein Winzer sind: Die Ernte sollte unbedingt mit der Schere erfolgen – schneiden Sie einfach die gesamte Rispe. Trauben halten sich im Kühlschrank einige Tage; zur Lagerung in ein feuchtes Küchentuch einwickeln und im Gemüsefach aufbewahren.

✳ Karotte

Die Karotte bzw. Möhre gehört zu den vielseitigsten Gemüsesorten, die wir kennen. Sie kann roh, pikant und herzhaft zubereitet werden, schmeckt als Saft, im Smoothie, im Babybrei, als knackiger Gemüsestick, im Karottenkuchen. Die alten Karottensorten sind wieder sehr auf dem Vormarsch, kein Wunder, denn sie schmecken intensiver und delikater. Kein anderes Gemüse hat einen höheren Gehalt an Provitamin A. Da es wasserlöslich ist, sollte man Karotten nie in Wasser einweichen, sondern nur sorgfältig schälen. Im Sommer sind die Fingermöhren oder Babymöhren besonders aromatisch und saftig. Das Möhrengrün sollte sofort nach der Ernte entfernt werden, denn es entzieht den

Wurzeln Nährstoffe. Frisch geerntete Karotten können in einem feuchten Küchentuch oder in einem Gefrierbeutel 1 – 2 Tage im Gemüsefach des Kühlschranks aufbewahrt werden, aber am besten schmecken Möhren frisch und gleich verarbeitet. Wenn Sie viele Karotten haben, dann beginnen Sie den Tag mal mit selbst gepressten Smoothies – das klappt auch im Standmixer. Bananen, Äpfel oder Orangen schmecken sehr gut dazu. Sie lassen sich – am besten als Scheiben oder fein gewürfelt – gut einfrieren, müssen dann kurz blanchiert werden.

✳ Kartoffel

Kaum ein Gemüse assoziieren wir so sehr mit Lagerfähigkeit wie die Kartoffel. Im Sommer und Frühherbst geerntet, wurden Kartoffeln in früheren Generationen noch als Vorrat für den Winter eingekellert. Heute fehlen die Räumlichkeiten dafür und kommen in den Wintermonaten die Kartoffeln aus anderen Teilen der Welt. Generell gilt für Kartoffeln: dunkel, kühl und trocken lagern. Solange sie sich nicht grün verfärbt haben, sind auch länger gelagerte Kartoffeln, selbst solche mit Keimen, noch genießbar. Die Keime entziehen der Kartoffel leider nur Nährstoffe.

✳ Mais

Im Hochsommer hat der Zuckermais Saison, der auch ungekocht sehr aromatisch und leicht süßlich schmeckt. Sobald Mais gepflückt wird, setzt ein natürlicher Reifungsprozess ein und wandelt sich die natürliche Süße nach und nach zu Stärke, deshalb sollte Mais gleich nach dem Pflücken verarbeitet werden, weil er dann am aromatischsten schmeckt. Wenn Sie gerne im Winter mal an Maiskolben knabbern wollen, frieren Sie die ganzen Maiskolben ein, die Sie vorher blanchieren und danach sofort in Eiswasser abschrecken müssen. Alternativ frieren Sie nur die Körner ein, die sich mit einem scharfen Messerrücken direkt aus der Schote in eine Schüssel schaben lassen. Sie müssen nicht blanchiert werden, sondern können direkt aus der TK-Truhe verwendet werden.

✳ Mangold

Wie die Karotte ist auch der Mangold ein überaus gesundes Gemüse. Der hohe Gehalt an Antioxidantien soll das Herz schützen, doch außerdem kann Mangold unterstützend helfen, die Blutzuckerwerte im Körper zu stabilisieren. Seine wasserlöslichen Vitamine werden geschützt, indem man die Blätter vor dem Kochen nur kalt abbraust und nicht in Wasser einweicht. Mangold schmeckt herzhaft, passt aber auch zu süßen Aromaten wie Rosinen. Mangold lässt sich gut einfrieren, muss aber vorher zerkleinert und blanchiert werden. Nach drei Minuten ist er dann reif für ein Eiswasserbad, danach kann er eingefroren werden. Wenn Sie mögen, bereiten Sie Blätter und Stängel getrennt zu und frieren sie auch getrennt ein. Die Blätter müssen nämlich nur etwas kleiner gezupft werden, während die Stängel in etwa 2 Zentimeter breite Streifen gehackt werden müssen. Die Blätter können Sie separat verwenden, beispielsweise als Ersatz für Spinat. Die Stängel haben ein intensiveres Aroma und schmecken prima als Gemüsebeilage.

✳ Paprikaschote

Paprikaschoten gibt es mittlerweile in diversen Farben und Geschmacksrichtungen. Die (unreifen) grünen Paprikaschoten werden in der Hausmannskost vieler Länder geschmort, beispielsweise mit einer pikanten Fleischfüllung. Rote Paprikaschoten lassen sich prima im Ofen backen oder grillen und bekommen dann ein feines Raucharoma, das gut mit ihrer Grundsüße harmoniert. Auf diese Weise zubereitet (nach dem Backen lässt sich die durchsichtige Zellophanhaut, die Paprikaschoten für viele Menschen schwer verdaulich macht, mühelos abziehen), schmecken Paprikaschoten lecker in Olivenöl eingelegt. Die milderen gelben und orangefarbenen Paprikaschoten schmecken auch roh sehr lecker, denn sie sind besonders saftig.
Paprikaschoten sind nicht nur vielseitig verwendbar, sondern auch überaus gesund: Ihr hoher Gehalt an Vitamin C macht sie besonders im Winter wichtig. Frisch geerntet, halten sie sich im Gemüsefach mindestens eine Woche.

✳ Tomate

Tomaten sind gesund und vielseitig verwendbar: Kein Wunder, dass sie das Lieblingsgemüse der Deutschen sind. Wobei die Tomate botanisch gesehen gar kein Gemüse ist, sondern ein Obst. In den letzten Jahren sind die alten Sorten unter den Tomaten wiederentdeckt worden, die nicht nur geschmacklich, sondern auch farblich eine beeindruckende Bandbreite bieten. Tomaten müssen nämlich nicht nur rot sein. Auch hellblau, lilafarben, hellgelb und gemustert sind Tomaten zu haben. Je nach Sorte schmecken sie saftig, süß, herzhaft, säuerlich oder erfrischend.
Tomaten schmecken in der Suppe (auch als gekühlte Version) genauso lecker wie auf die Faust, zu einem Stück Käse, als Gemüseeintopf, als Saucengrundlage für italienische Pasta oder im Ofen gebacken und in Olivenöl eingelegt. Doch sie sind nicht nur vielseitig, sondern auch sehr gesund. Tomaten haben viele Vitamine und Mineralstoffe und überdies viel Wasser. Das ist für Menschen interessant, die abnehmen möchten, denn Tomaten geben ein kalorienleichtes, natürliches Sättigungsgefühl. Der hohe Gehalt an Lycopin bedeutet, dass Tomaten auch ein natürlicher Zellschutz für die Haut sind.
Tomaten dürfen nicht im Kühlschrank aufbewahrt werden, sonst werden sie matschig. Auch einfrieren lassen sich Tomaten nicht gut, aber das macht nichts, denn man kann sie wunderbar variabel zubereiten und dann auch einfrieren. Als einfache, aber cremig-köstliche Tomatensauce beispielsweise, die sich dann auch perfekt einfrieren lässt. Oder als Tomatenketchup. Oder als selbst gemachte Dosentomaten. Aber auch als simple Tomatensalsa mit vielen Kräutern, etwas Knoblauch und feinem Olivenöl lassen sich Tomaten prima weiterverarbeiten.

✳ Zucchini

Dieser Sommerkürbis hat wenig Eigengeschmack, und das genau ist seine größte Stärke. Im Gegensatz zu den meisten Gemüsen schmecken Zucchini genauso lecker in süßen Kuchen wie auf einer herzhaften Pizza. Der hohe Wasser-

gehalt von Zucchini sorgt dafür, dass Kastenkuchen oder Muffins richtig schön saftig werden ohne vorzuschmecken. Gleichzeitig lassen sich Zucchini herzhaft mit Knoblauch, Chili oder Olivenöl einlegen, sind ein leckerer Zwischendurchsnack und machen selbst im Gugelhupf eine gute Figur. Nach der Ernte halten sie sich mehrere Tage im Gemüsefach des Kühlschranks. Zucchini lassen sich gut einfrieren und wie andere Gemüsesorten auch sollten Zucchini vorher blanchiert werden. Am besten werden sie dazu in etwa fingerdicke Stücke geschnitten, in ungesalzenem, kochendem Wasser etwa zwei Minuten blanchiert, im Eiswasser abgeschreckt und dann abgetrocknet. Dann werden sie auf ein Backblech gelegt und ähnlich wie Himbeeren etwa 20 Minuten tiefgekühlt. Nun kann man sie wunderbar in passende Beutel umfüllen und direkt aus der TK-Truhe verarbeiten.

Baba au rhum mit Sommerbeeren

Zutaten

Für 4 – 6 Portionen

½ Würfel Hefe
3 EL Sahne
150 g Mehl
80 g Butter + Butter
zum Einfetten
140 g Zucker
2 Eier
100 ml Rum
Schale von 1 Bio-Orange
300 g Sommerbeeren
nach Belieben
200 g Sahne nach Belieben

Außerdem

Einzelne, kleine
Auflaufformen oder
Savarin-Backform

Dieses hierzulande eher unbekannte Hefegebäck mit viel Rum hat viel Retrocharme. Es ist mit den deutschen klassischen Hefeteilchen nicht zu verwechseln, aber trotzdem ganz unkompliziert.

1. Die Hefe in einem kleinen Topf bei leichter Hitze in der Sahne auflösen. Vom Herd nehmen, 3 EL Mehl unterrühren und abgedeckt an einem warmen Ort etwa 20 Minuten gehen lassen, bis sich ein flüssiger Teig mit Bläschen bildet.

2. Den Ofen auf 180 °C vorheizen. Die Butter in einem ofenfesten Töpfchen erwärmen. Die flüssige Butter mit dem Rührmixer in einer Schüssel mit 100 g Zucker aufschlagen. Die Eier nacheinander unterrühren. Die Hälfte des restlichen Mehls unterziehen. Die Hefemischung und das restliche Mehl unter den Teig rühren. Den Teig in eingefettete Förmchen oder in eine eingefettete Backform füllen und abgedeckt an einem warmen Ort 30 Minuten gehen lassen.

3. Baba im Ofen goldbraun backen. Bei Verwendung von Einzelformen beträgt die Backzeit etwa 30 Minuten, bei der Savarin-Backform etwa 40 Minuten.

4. Den restlichen Zucker mit 250 ml Wasser in einem Topf zum Kochen bringen. Den Zucker gut unterrühren, bis er vollständig gelöst ist. Das Zuckerwasser vom Herd ziehen und den Rum und die Orangenschale unterrühren.

5. Fertig gebackene kleine Babas sofort im warmen Rum wenden, einen fertig gebackenen großen Baba aus der Savarin-Form lösen, auf einen großen Teller legen und mit dem Sirup bestreichen.

6. Das Beerenobst verlesen, kalt abbrausen und dazu servieren. Nach Belieben Sahne schlagen und direkt auf den Babas anrichten.

Aprikosen-Himbeer-Törtchen

Zutaten

Für etwa 6 Törtchen

Für den Teig
75 g Butter + Butter
zum Einfetten
75 g Zucker
2 Eier
2 EL Sahne
150 g Mehl
1 TL Backpulver

Für den Belag
100 g reife Himbeeren
2 cl Himbeergeist
1 Päckchen Vanillezucker
3 aromatische,
reife Aprikosen
2 EL Pistazienkerne

Außerdem
6er-Tartelette-Backform

Mit dem gleichen Rezept können Sie auch einen Kuchenboden backen, den Sie hinterher nach Belieben belegen können. Solche Kuchenböden selbst zu backen ist kinderleicht und das Ergebnis ist mit den gekauften Böden in keinster Weise zu vergleichen. Der Vorteil von Tartelettes ist, dass Sie gleich mehrere backen und für die nächste Gelegenheit platzsparend einfrieren können.

1. Den Ofen auf 180 °C vorheizen. Für den Teig die Butter mit dem Zucker in einer Rührschüssel mit dem Rührmixer schaumig schlagen. Die Eier nacheinander unterrühren und so lange schlagen, bis die Masse aufhellt. Die Sahne unterrühren. Das Mehl mit dem Backpulver verrühren und unterziehen.

2. Die Tartelette-Form einfetten, den Teig auf die Form verteilen, jeweils einen kleinen Rand formen und 15 – 20 Minuten backen, bis die einzelnen Tartelettes fest sind und ganz leicht Farbe angenommen haben. Tartelettes aus der Form heben und auf dem Kuchengitter abkühlen lassen.

3. Für den Belag die Himbeeren verlesen und pürieren. Durch ein Haarsieb in eine Schüssel streichen und mit dem Himbeergeist und dem Vanillezucker verrühren. Die Aprikosen waschen, halbieren, entsteinen und in feine Streifen schneiden. Beiseitestellen. Die Pistazienkerne fein hacken und beiseitestellen.

4. Das Himbeermus auf den Törtchen verstreichen und die Aprikosen darauf anrichten. Mit Pistazienkernen bestreuen und servieren.

Trauben-Mandel-Kastenkuchen

Zutaten

Für 1 Kastenkuchen und etwa 10 Portionen

125 g Butter + Butter zum Einfetten, 110 g Zucker, 2 Eier, 150 g Mehl, 1 TL Backpulver, ½ TL Natron, ½ TL Salz, 150 g Schmand, 60 g Mandelkerne, 150 g Trauben

Außerdem

Kastenbackform

Wählen Sie kernlose Trauben für diesen ganz einfachen, aber optisch ansprechenden Kastenkuchen, der im Nu gebacken ist.

1. Den Ofen auf 180 °C vorheizen und die Kastenform einfetten. Die Butter und den Zucker mit dem Rührmixer in einer Schüssel schaumig schlagen. Die Eier nacheinander unterrühren und so lange schlagen, bis die Masse aufhellt. Das Mehl mit dem Backpulver, dem Natron und dem Salz verrühren und einsieben. Vorsichtig unterziehen.

2. Den Schmand unterrühren. Die Hälfte der Mandelkerne zerkleinern und unterrühren. Den Rest für die Garnierung beiseitelegen. Die Trauben waschen, halbieren und unterrühren. Den Teig in die Form füllen und mit den restlichen Mandeln garnieren. Etwa 45 Minuten goldbraun backen.

Buttermilch-Birnen-Cobbler

Zutaten

Für 1 Cobbler und etwa 8 Portionen

500 g reife, aromatische Birnen, 1 Zitrone, 1 Msp. frisch geriebene Muskatnuss, 50 g brauner Zucker, 100 g eiskalte Butter, 150 g Mehl, 1 TL Backpulver, 200 ml Buttermilch, 1 Ei

Außerdem

Mittelgroße Auflaufform

Cobbler sind klassische amerikanische Sommer-Früchte-Kuchen mit einer Teigdecke und viel Buttermilch. Auch reife, selbst überreife Pfirsiche oder Nektarinen passen als Obstfüllung gut.

1. Den Ofen auf 180 °C vorheizen. Die Birnen halbieren, schälen, entkernen und grob hacken. In eine Auflaufform geben. Die Zitrone pressen, den Saft mit der Muskatnuss und dem Zucker verrühren und unter die Birnenstücke rühren. 15 Minuten im Ofen backen.

2. Die Butter mit einer groben Gemüsereibe fein reiben und in eine Rührschüssel geben. Das Mehl mit dem Backpulver verrühren und unterrühren. Die Buttermilch mit dem Ei verquirlen und ebenfalls unterrühren, bis sich ein flüssiger Teig bildet. Den Teig über dem Obst angießen und noch etwa 25 Minuten goldbraun backen.

Ricottakuchen mit Kirschkompott

Für dieses ganz einfache Rezept können Sie eine dekorative Backform einsetzen, beispielsweise eine Bund-Backform, eine Gugelhupfform oder eine Ciambella, die Sie aus dem Italienurlaub mitgebracht haben.

1. Den Ofen auf 180 °C vorheizen. Den Zucker mit der Butter in einer Rührschüssel mit dem Rührmixer schaumig schlagen. Die Eier nacheinander unterrühren und so lange schlagen, bis die Teigmasse aufhellt und luftiger wird. Den Ricotta unterrühren.

2. Die Zitronen heiß waschen und abtrocknen; die Schale hauchdünn abreiben und unterrühren. Das Mehl mit dem Backpulver verrühren und unter den Teig ziehen. Eine Backform einfetten, den Teig einfüllen und 50 – 55 Minuten backen.

3. In der Zwischenzeit für das Kompott die Sauerkirschen kalt abbrausen, trockentupfen, entstängeln und entkernen. In eine Schüssel geben. Den Zucker unterrühren und etwa 30 Minuten bei Zimmertemperatur durchziehen lassen. Nach Wunsch mit Himbeeressig abschmecken.

4. Zum Servieren den Kuchen aufschneiden und mit Kirschkompott reichen.

Tipp: Den Saft der Zitronen, der für dieses Rezept nicht benötigt wird, können Sie übrigens problemlos in einer Eiswürfelform einfrieren.

Zutaten

Für 1 Kuchen und etwa 10 Portionen

Für den Kuchen

150 g Zucker, 150 g Butter + Butter zum Einfetten, 3 Eier, 250 g Ricotta, 4 Bio-Zitronen, 150 g Mehl, 1 Päckchen Backpulver

Für das Kompott

300 g Sauerkirschen, 2 EL brauner Zucker, 1 Spritzer Himbeeressig

Außerdem

Dekorative mittelgroße Backform

Eclairs mit Johannisbeerfüllung

Bei uns heißen die länglichen, cremigen Windbeutel mit sündiger Füllung Liebesknochen und sind, wie der Teig, aus dem sie gemacht werden, aus der Mode gekommen. Eigentlich schade – denn Brandteig ist ganz einfach. Probieren Sie es aus.

1. Den Ofen auf 220 °C vorheizen. Für den Brandteig die Butter mit 250 ml Wasser in einem Topf aufsetzen und aufkochen lassen. Dann den Zucker, das Salz und das Mehl einrühren und mit einem Schneebesen kräftig verrühren. Vom Herd ziehen und abkühlen lassen.

2. Sobald der Teig etwas abgekühlt ist, 3 Eier nacheinander mit dem Schneebesen unterrühren (ein weiteres Ei immer erst dann zugeben, wenn das vorherige vollständig von der Mehlschwitze aufgenommen wurde).

3. Ein Backblech mit Backpapier auslegen. Den Teig mit einem Esslöffel zu länglichen Liebesknochen formen. Alternativ die Hälfte des Teigs in den Spritzbeutel füllen und den Teig als Liebesknochen auf dem Backpapier aufbringen. Das letzte Ei verquirlen und die Eclairs damit bestreichen. Die Eclairs etwa 15 Minuten backen, bis sie aufgegangen sind, dann die Hitze auf 160 °C drosseln und noch etwa 5 Minuten backen, damit sie durchgegart und innen trocken sind.

4. Die weiße Schokolade hacken und im Wasserbad zerschmelzen. Die Johannisbeeren mit einer Gabel abrebeln, waschen und abtrocknen. Die Sahne schlagen. Die Eclairs längs aufschneiden, mit Sahne bestreichen und mit Johannisbeeren belegen. Schließen und mit weißer Schokolade beträufeln oder mit einem Kuchenpinsel bestreichen. Auf einem Kuchengitter über Alufolie vollständig auskühlen lassen, bis der Überzug fest ist (etwa 1 Stunde).

Zutaten

Für etwa 8 Eclairs

Für den Teig
100 g Butter
1 Prise Zucker
1 Prise Salz
120 g Mehl
4 Eier

Für die Füllung und den Überzug
100 g weiße Schokolade
200 g rote oder schwarze Johannisbeeren
150 g Sahne

Außerdem
Backpapier
Ggf. Spritzbeutel mit großer Tülle
Ggf. Kuchenpinsel

Stachelbeer-Trifle mit selbst gebackenen Mandelkeksen

Zutaten

Für 1 Trifle und etwa 12 Portionen

Für die Mandelkekse

150 g Mehl
1 gestr. TL Backpulver
110 g Zucker
2 Eier
1 EL Vin Santo oder nach Belieben
80 g Mandeln

Für die Füllung

4 Eigelb (Eiweiß einfrieren)
100 g feinster Zucker
500 g Konditorsahne
1 EL Speisestärke
400 g Stachelbeeren (idealerweise grün und rot)
250 g Sahne

Außerdem

Backpapier
Große Servierschale

Ein Trifle macht auch optisch wirklich was her und wird am besten in einer großen Glasschüssel mit höherem Rand serviert. Die Mandelkekse ähneln den italienischen Cantucci und sind natürlich selbst gemacht.

1. Den Ofen auf 170 °C vorheizen. Für die Mandelkekse alle Zutaten mit dem Rührmixer in einer Schüssel verrühren. Ein Backblech mit Backpapier auslegen. Den Teig daraufgeben und als fingerhohes Rechteck formen; 20 Minuten backen. Dann mit einem scharfen Messer in Scheiben von etwa 0,5 Zentimeter Breite schneiden. Nochmals auf das Backpapier legen und etwa 10 Minuten knusprig und goldbraun backen.

2. Für die Füllung die Eigelbe und den Zucker in einer Rührschüssel mit dem Rührmixer schaumig schlagen. Die Sahne in einem Topf erwärmen. Die Speisestärke unter die Eimasse rühren. Diese Masse langsam mit einem Schneebesen unter die Sahne rühren und bei leichter Hitze so lange schlagen, bis die Creme eindickt (das kann einige Minuten dauern). Im Kühlschrank etwas abkühlen lassen.

3. Zum Anrichten die Stachelbeeren verlesen und waschen. Mit einigen Stachelbeeren den Boden einer Schüssel auslegen. Darüber eine Hälfte der Mandelkekse legen und die Hälfte der Creme löffeln. Diesen Vorgang noch mal wiederholen, dabei auch Früchte dekorativ am Rand auslegen (ggf. halbieren und mit den Schnittflächen nach außen schichten).

4. Abgedeckt 1 Stunde im Kühlschrank durchziehen lassen. Dann die Sahne schlagen und als dekorativen Abschluss anrichten.

Heidelbeer-Lavendel-Törtchen

Zutaten

Für 4 – 6 Törtchen

Für den Teig

150 g Dinkelmehl + Mehl für die Arbeitsfläche, 50 g Mandelmehl, 80 g Butter, 80 g Zucker, 1 Ei

Für die Füllung

300 g Heidelbeeren, 1 TL Lavendel, 1 Ei, 100 g Crème double, 1 EL Zucker

Außerdem

Kleine Backformen (etwa Ø 4 cm), Backpapier, Backerbsen

Eine nur auf den ersten Blick ungewöhnliche Geschmackskombination verleiht diesen Törtchen den besonderen Geschmack. Wichtig ist die Dosierung: Lavendel sollte nur in homöopathischen Mengen zugegeben werden.

1. Für den Teig alle Zutaten in einer Schüssel mit dem Rührmixer oder in der Küchenmaschine zu einem Teig verarbeiten. Den Teig in Frischhaltefolie wickeln und im Kühlschrank mindestens 1 Stunde ruhen lassen.

2. Den Ofen auf 180 °C vorheizen. Die Backformen bei Bedarf einfetten. Den Teig auf einer bemehlten Arbeitsfläche ausrollen und in die Formen einpassen, dabei einen kleinen Rand formen. Backpapier und Backerbsen auf den Teig geben und 15 Minuten blind backen.

3. Für die Füllung die Heidelbeeren verlesen, waschen, trocknen und mit dem Lavendel verrühren. In die blind gebackenen Formen füllen und 15 Minuten backen. Inzwischen die restlichen Zutaten verrühren. Die Creme über die Heidelbeeren löffeln, noch weitere 10 – 15 Minuten goldgelb backen.

Brombeer-Ricotta-Küchlein

Zutaten

Für etwa 12 Küchlein

300 g Ricotta, 2 Eier, 3 EL kalte Butter, 120 g Mehl, 1 TL Backpulver, 100 g Zucker, 200 g Brombeeren, 1 TL Rosenwasser

Außerdem

Mini-Muffinform oder Küchleinform

Ricotta ist ein italienischer Frischkäse, der sehr locker und luftig ist und sich ganz prima zum Backen eignet. Rosenwasser für das besondere Aroma der Küchlein bekommen Sie in der Apotheke. Es riecht sehr intensiv, doch dieses Aroma verfliegt größtenteils beim Backen. Die Törtchen sind sehr luftig und leicht und zerfallen schnell, schmecken aber herrlich fruchtig und nicht sehr süß.

1. Den Ofen auf 180 °C vorheizen. Den Ricotta mit den Eiern mit einem Schneebesen oder einem Rührmixer in einer Schüssel verquirlen. Die Butter mit einer groben Gemüsereibe fein reiben und unterrühren. Das Mehl mit dem Backpulver verrühren und unterziehen. Den Zucker einstäuben.

2. Die Brombeeren verlesen, waschen, abtropfen und mit dem Rosenwasser unterrühren. Den Teig einfüllen und 25 – 35 Minuten backen.

Linzer Plätzchen

Wunderbar krümelig und zart sind diese mit viel Butter und Nüssen gebackenen Keksklassiker aus Österreich. Gefüllt sind sie mit Himbeermarmelade aus heimischer Produktion. Und diese Marmelade gelingt auch Anfängern, denn sie ist kinderleicht.

1. Den Ofen auf 180 °C vorheizen. Die Butter und den Zucker mit dem Rührmixer in einer Schüssel schaumig schlagen. Das Ei unterrühren und gut verschlagen.

2. Die Mehle mit dem Nelkenpulver verrühren und einsieben. Vorsichtig unterheben; zu starkes Unterrühren des Mehls macht den Teig hinterher zäh anstelle von zart. Den fertigen Teig halbieren, auf Frischhaltefolie legen, etwa 0,5 cm dick ausrollen, in Frischhaltefolie wickeln und im Tiefkühlfach 30 Minuten fest werden lassen.

3. Den Teig kalt verarbeiten und mit den beiden Förmchen Plätzchen ausstechen. 10–12 Minuten backen, vorsichtig mit einem Messer vom Backblech heben. Die ganzen Runde mit der Marmelade bestreichen und mit den Oberteilen belegen, diese vorsichtig andrücken. Die Plätzchen etwas abkühlen lassen, dann mit Puderzucker bestreuen.

Himbeermarmelade

Die Himbeeren verlesen und waschen. Die Zitrone pressen. Die Hälfte der Himbeeren mit dem Saft in einem Topf 5 Minuten köcheln lassen, dann durch ein Haarsieb drücken, um die Kerne zu entfernen. Das Himbeermus mit den restlichen Himbeeren und dem Zucker im Topf einmal aufwallen lassen, dann 5 Minuten köcheln, bis die Marmelade fest wird. In sterilisierte Gläser abfüllen, sofort mit Deckel verschließen und auf dem Kopf stehend abkühlen lassen.

Zutaten

Für etwa 25 Plätzchen

Für die Plätzchen
140 g Butter, 110 g Zucker, 1 Ei, 150 g Mandelmehl, 150 g Mehl, 1 Msp. Nelkenpulver, 150 ml Himbeermarmelade, 4 EL Puderzucker

Für die Himbeermarmelade
500 g Himbeeren, 1 kleine Zitrone, 500 g Gelierzucker 1:1

Außerdem
Keksausstecher für Linzer Plätzchen

Marzipan-Mirabellen-Tarte

Zutaten

Für 1 Tarte und etwa 12 Portionen

Für den Teig

110 g zimmerwarme Butter + Butter zum Einfetten
80 g Puderzucker
1 Ei
250 g Mehl + Mehl für die Arbeitsfläche

Für den Belag

100 g Butter
100 g feinster Zucker
2 Eier
100 g Mandelmehl
1 TL Mehl
400 g Mirabellen

Außerdem

Backpapier, Backerbsen
Mittelgroße Tarteform

Diese Tarte mit einem feinen Marzipanmousse-Boden schmeckt besonders fein. In der Küchensprache heißt sie Frangipane.

1. Für den Teig alle Zutaten in einer Rührschüssel mit dem Rührmixer verrühren. In Frischhaltefolie wickeln und 2 Stunden im Kühlschrank ruhen lassen.

2. Den Teig auf einer bemehlten Arbeitsfläche ausrollen und in die Form einpassen, dabei einen Rand von 2 – 3 cm formen (Reste lassen sich sehr gut einfrieren). Die fertig ausgelegte Form 20 Minuten in das Tiefkühlfach legen, dann zieht sich der Teig beim Blindbacken nicht zusammen.

3. Den Ofen auf 170 °C vorheizen. Für die Marzipanmousse die Butter und den Zucker mit dem Rührmixer in einer Rührschüssel schaumig schlagen. Die Eier nacheinander unterrühren und so lange schlagen, bis die Masse aufhellt. Die Mehle unterrühren. Die Mirabellen waschen und entsteinen. Beides beiseitestellen.

4. Den Tarteboden mit Backpapier und Backerbsen abdecken und 10 Minuten blind backen. Dann die Backerbsen und das Backpapier entfernen und noch einige Minuten backen, bis der Teig nicht mehr feucht ist und sich gebacken anfühlt, ohne Farbe anzunehmen.

5. Die Marzipanmousse auf dem Teigboden verstreichen. Darüber die Mirabellen anrichten. Noch etwa 15 Minuten backen, bis die Marzipanmousse etwas aufgegangen ist und Farbe bekommen hat und die Mirabellen weich sind.

Nektarinen–Pfirsich–Galette

Zutaten

Für 1 Galette und etwa 9 Portionen

Für den Teig

150 g Mehl + Mehl
für die Arbeitsfläche
2 EL Maismehl
1 EL Zucker
50 g eiskalte,
geriebene Butter

Für den Belag

500 g reife Nektarinen
und/oder Pfirsiche
2 EL Grand Marnier
oder anderer Orangenlikör
oder nach Belieben
50 g feinster Zucker
3 EL Mehl
1 Prise Zimt
1 großes Ei

Außerdem

Backpapier

Rustikale, aber sehr appetitliche Optik verbindet sich hier mit einem wunderbar frischen Obstaroma. Sie können auch nur Nektarinen oder nur Pfirsiche verwenden.

1. Für den Teig alle Zutaten mit 2 EL eiskaltem Wasser mit dem Rührmixer in einer Rührschüssel verrühren, bis sich ein krümeliger Teig ergibt. Bei Bedarf noch etwas eiskaltes Wasser angießen. Den Teig mit den Händen zusammendrücken, in Frischhaltefolie wickeln und mindestens 1 Stunde oder über Nacht im Kühlschrank ruhen lassen.

2. Für den Belag die reifen Nektarinen waschen, halbieren, entsteinen und in feine Scheiben schneiden. Die reifen Pfirsiche am Stängelansatz einschneiden und mit heißem Wasser überbrühen. Die Haut abziehen. Die Pfirsiche halbieren, entsteinen und in feine Scheiben schneiden. In eine Schüssel geben. Den Orangenlikör unter das Obst rühren und gleichmäßig verteilen. Den Zucker mit dem Mehl und dem Zimt verrühren, ebenfalls unter das Obst rühren.

3. Den Teig auf einer bemehlten Arbeitsfläche dünn ausrollen und auf Backpapier legen. Das Obst auf dem Teig auslegen. Dabei einen Rand von 5 cm stehen lassen. Diesen Rand einschlagen. Das Ei verquirlen und den Rand damit bestreichen.

4. Die Galette 20 Minuten ins Tiefkühlfach geben. Den Ofen auf 180 °C vorheizen und die Galette etwa 50 Minuten goldbraun backen.

Himbeer-Mandel-Kuchen

Zutaten

Für 1 Kastenkuchen und etwa 10 Portionen

150 g Butter + Butter zum Einfetten, 120 g Zucker, 2 Eier, 1 Bio-Zitrone, 150 g Mehl, 150 g Mandelmehl, 1 EL Backpulver, 250 g Himbeeren

Außerdem

Kastenbackform

Von Himbeeren kann ich gar nicht genug bekommen. Das hängt sicherlich mit meinem Großvater zusammen. Er hatte, wie damals jeder auf dem Land, einen Nutzgarten, in dem er Gemüse zog. Besonders gut gelangen ihm jedes Jahr wieder die Himbeeren. Meine Großmutter machte daraus Sirup. Für jedes Enkelkind eine Flasche. Pro Jahr.

1. Den Ofen auf 180 °C vorheizen. Die Butter und den Zucker mit dem Rührmixer in einer Schüssel schaumig schlagen. Die Eier nacheinander unterrühren und so lange schlagen, bis sich die Masse aufhellt. Die Zitronenschale ganz fein abziehen und unterrühren. Die Mehle mit dem Backpulver verrühren und einarbeiten.

2. Eine Kastenbackform einfetten. Den Teig einfüllen. Die Himbeeren verlesen und über den Teig streuen, dann mit einem Esslöffel etwas hineindrücken, sodass sie mit Teig bedeckt sind und nicht eindunkeln können. Den Kuchen etwa 50 Minuten goldbraun backen.

Karottenkuchen mit Nüssen

Zutaten

Für 1 Kuchen und etwa 10 Portionen

200 g brauner Zucker, 250 ml neutrales Speiseöl, 4 Eier, 300 g Mehl, 1 TL Natron, 1 TL Backpulver, 1 TL Zimt, 2 mittelgroße Karotten, 100 g gehackte Nüsse nach Belieben (z. B. Walnüsse, Pekannüsse), 1 EL Butter zum Einfetten

Außerdem

Viereckbackform

Ähnlich wie Zucchini sind auch Karotten Küchen-Chamäleons. Sie lassen sich pikant und süß verbacken und geben Backwerk eine angenehme Saftigkeit.

1. Den Ofen auf 150 °C vorheizen. Den Zucker und das Speiseöl in einer Schüssel mit dem Rührmixer schaumig rühren, bis die Masse aufhellt und an Volumen zunimmt. Die Eier nacheinander unterrühren. Sorgfältig schlagen, bis die Masse noch heller geworden ist.

2. Das Mehl mit dem Natron, dem Backpulver und dem Zimt verrühren und vorsichtig unterziehen. Die Karotten schälen und raspeln, ebenfalls unterrühren. Nun die Nüsse einrühren. Eine Viereckbackform einfetten. Den Teig einfüllen und den Kuchen 60 – 70 Minuten backen.

Mohn-Pfirsich-Kuchen

In diesem Kuchen können Sie auch überreife Früchte verarbeiten. In der Kombination mit Mohn und viel erfrischender Zitrone schmecken die Pfirsiche, deren Eigengeschmack beim Erhitzen etwas verloren geht, aromatischer.

1. Den Ofen auf 190 °C vorheizen. Die Eier mit dem Zucker und dem Pflanzenöl mit dem Rührmixer in einer Schüssel verrühren. Die Mohnsamen unterrühren. Die Schale von der Bio-Zitrone ganz fein abreiben und mit dem Schmand unterrühren (der Teig ist jetzt sehr flüssig). Das Mehl mit dem Natron verrühren und in den Teig stäuben.

2. Die Pfirsiche halbieren, entsteinen, die Haut abziehen. Das Fruchtfleisch in Spalten schneiden.

3. Eine Backform einfetten und den Teig einfüllen. Die Pfirsiche darüber in einem schönen Muster anrichten. Etwa 45 Minuten goldbraun backen.

Zutaten

Für 1 Kuchen und etwa 8 Portionen

2 Eier, 160 g Zucker, 125 ml neutrales Pflanzenöl, 2 EL küchenfertige Mohnsamen, 1 Bio-Zitrone, 150 g Schmand, 200 g Mehl, 1 TL Natron, 7 reife, gelbe Pfirsiche, 1 TL Butter zum Einfetten

Außerdem

Quadratische Backform

Krümelkäsekuchen mit Beerenboden

Zutaten

Für 1 Kuchen und etwa 12 Portionen

200 g Vollkornkekse
3 EL zimmerwarme Butter
200 g schwarze Johannisbeeren oder Brombeeren (oder nach Belieben)
2 EL Zucker
350 g Frischkäse
2 Bio-Zitronen
1 TL Vanillearoma
400 ml Kondensmilch

Außerdem

Mittelgroße Springform

Bei diesem Kuchen, der nicht gebacken wird, haben wir das Obst unter einer Frischkäseschicht versteckt. Es weicht den Boden aus Keksen etwas auf, schmeckt aber sehr gut. Wenn Sie den Kuchen lieber als elegante Torte servieren wollen, dann dekorieren Sie das frische Obst einfach kurz vor dem Servieren auf dem Käsekuchen.

1. Die Vollkornkekse in einen Gefrierbeutel geben und mit einem Nudelholz zerkleinern. In eine Schüssel umfüllen. Die Butter unterrühren. Den Boden und die Seiten einer Springform damit auslegen. Die Kekskrümel mit einem Glas oder Löffel fest in den Boden und an die Seiten pressen. Kühl stellen.

2. Die Beeren verlesen und kalt abbrausen. Die Johannisbeeren mit einer Gabel von den Stängeln ziehen. Die Beeren im Standmixer pürieren, dann durch ein Haarsieb gießen und mit dem Zucker verrühren. Auf dem Keksboden verteilen und ins Tiefkühlfach bzw. die Tiefkühltruhe geben.

3. Den Frischkäse in eine Rührschüssel geben. Die Zitronenschalen hauchdünn abziehen. 1 Zitrone auspressen. Saft und Zitronenabrieb unter den Frischkäse rühren. Das Vanillearoma und die Kondensmilch angießen und alles gut verrühren.

4. Die Frischkäsemasse auf den Teigboden füllen, glatt streichen, mit Frischhaltefolie abdecken und mindestens 6 Stunden oder über Nacht im Kühlschrank durchkühlen lassen.

Sommerfrüchtekuchen mit Crème caramel

Diese Crème caramel ist mit etwas feinem Fleur de Sel, der sogenannten Salzblüte, aromatisiert. Diese Salzblüte würzt nur ganz zurückhaltend und passt gut zum fruchtig-sauren Aroma der Crème fraîche. Mittlerweile gibt es in gut sortierten Supermärkten und auf Wochenmärkten auch schon die echte französische Crème fraîche mit einem höheren Fettgehalt.

1. Für den Teig die Zutaten mit 1 Esslöffel eiskaltem Wasser in der Küchenmaschine verarbeiten. Alternativ die zwei Mehle auf einer Arbeitsfläche verrühren. Die Butter in Flocken in die Mitte geben, das Ei aufschlagen und unterrühren, dann den Zucker zugeben. Mit den Fingerspitzen zu einem krümeligen Teil verkneten; dabei schnell arbeiten, denn zu langes Kneten macht den Teig zäh. Gegebenenfalls noch etwas kaltes Wasser einkneten. Den Teig in Frischhaltefolie wickeln und im Kühlschrank 1 Stunde ruhen lassen.

2. Den Ofen auf 180 °C vorheizen und die Springform einfetten. Den Teig auf einer bemehlten Arbeitsfläche ausrollen und in die Form einpassen. Backpapier passend zuschneiden und über den Teig legen, darauf Backerbsen geben. Den Teig 20 Minuten blind backen.

3. Für die Füllung die Butter und die Zucker mit dem Salz in einer beschichteten kleinen Pfanne erhitzen, dabei ständig rühren, damit das Karamell nicht anbrennt.

4. Die Backerbsen und das Backpapier vom vorgebackenen Tortenboden entfernen. Die Karamellmasse auf dem warmen Tortenboden verstreichen, dabei vorsichtig hantieren, damit sich kein Teig löst. Am besten geht das mit einem Küchenpinsel.

5. Die Crème fraîche mit den Eiern und den Haselnüssen verrühren, über der Karamellschicht verstreichen, noch 20 Minuten backen, bis sie fest wird.

6. Die Beeren verlesen und waschen. Auf der erkalteten Cremeschicht verteilen.

Tipp: Wenn die Crème fraîche nicht fest wird, können Sie den fertig gebackenen Kuchen 2 Stunden im Kühlschrank durchziehen lassen, bevor Sie ihn mit Obst belegen.

Zutaten

Für 1 Kuchen und etwa 12 Portionen

Für den Teig

150 g Dinkelmehl + Mehl für die Arbeitsfläche
50 g Mandelmehl
80 g Butter + Butter zum Einfetten
1 Ei
80 g Zucker

Für die Füllung

4 EL Butter
2 EL brauner Zucker
2 EL weißer Zucker
½ TL Fleur de Sel oder anderes feines Salz
200 g Crème fraîche
2 Eier
100 g grob gemahlene Haselnüsse
300 g Beeren nach Belieben

Außerdem

Mittelgroße Springform
Backpapier, Backerbsen

Blaubeer-Zitronen-Torte

Zutaten

Für 1 Torte und etwa 12 Portionen

Für den Teig
80 g Zucker
150 g Butter
250 g Mehl
1 Eigelb

Für die Füllung
4 Eier
2 Eigelb (Eiweiß einfrieren)
250 g Zucker
3 Bio-Zitronen
2 normale Zitronen
100 g Butter + Butter zum Einfetten
100 g Crème double
250 g Blaubeeren

Außerdem
Mittelgroße Springform
Backpapier, Backerbsen

Reife und aromatische Blaubeeren schmecken am besten aus der Hand und am zweitbesten als Kuchenbelag. Die Kombination mit einer zitronigen Füllung und kandierten Zitronenstückchen ist sehr fein.

1. Für den Teig den Zucker und die Butter mit dem Mehl verrühren. Das Eigelb mit einer Eierschale Wasser unter den Teig rühren. Kneten, bis ein Teig entsteht, dabei schnell arbeiten, sonst wird er beim Backen zäh. Den Teig in Frischhaltefolie wickeln und mindestens 1 Stunde oder über Nacht im Kühlschrank ruhen lassen.

2. Für die Füllung Eier, Eigelbe und 200 g Zucker mit einem Schneebesen über einem Wasserbad so lange schlagen, bis die Masse aufhellt.

3. Die Schale von zwei Zitronen in dünnen Zesten abziehen. Die Schale der dritten Zitrone in Streifen von etwa 0,5 cm abziehen, zu Quadraten schneiden und beiseitestellen. Alle fünf Zitronen auspressen. Die Zitronenzesten und den Zitronensaft unter Rühren unter die Eimasse rühren und weiter schlagen, bis alles gut vermengt ist.

4. Die Herdplatte ausschalten. Die Butter würfeln und unterrühren. Dann die Crème double unterrühren. Beim Abkühlen wird die Eimasse zähflüssig.

5. Den Ofen auf 180 °C vorheizen und die Springform einfetten. Den Teig ausrollen und in die Form einlegen und am Boden und an den Seiten mit einer Gabel gleichmäßig einstechen, damit er sich beim Backen nicht bläht. Dann mit Backpapier und Back- oder Trockenerbsen als Gewicht auslegen und 15 Minuten backen. Die Trockenerbsen und das Backpapier entfernen, den Teig weitere 15 Minuten backen, bis er Farbe angenommen hat.

6. Die Füllung hineingeben, 20 Minuten backen, dann etwa 4 Stunden bei Zimmertemperatur fest werden lassen. Die Zitronenstückchen in wenig Wasser etwa 20 Minuten köcheln, bis sie weich sind. Nochmals mit Wasser bedecken, den restlichen Zucker unterrühren und bei ganz leichter Hitze kandieren.

7. Die Blaubeeren kalt abbrausen und sorgfältig trockentupfen. Über der Zitronenfüllung verteilen. Darüber die kandierten Zitronenstückchen streuen.

Quitte-Zimt-Kastenkuchen

Zutaten

Für 1 Kuchen und etwa 8 Portionen

2 Quitten, 220 g feinster Zucker, 1 Bio-Zitrone, 100 g Butter + Butter zum Einfetten, 3 Eier, 150 g Schmand, 300 g Mehl, 1 TL Backpulver, 1 Msp. Zimt

Außerdem

Mittelgroße Kastenbackform

Roh sind Quitten ungenießbar, aber gebacken schmecken sie sehr lecker.

1. Die Quitten waschen, vierteln, schälen und entkernen. Grob hacken. In einem Topf mit 400 ml Wasser und 100 g Zucker aufsetzen. Die Schale der Zitrone fein abreiben, die Zitrone auspressen, beides zugeben, einmal aufwallen lassen, dann etwa 1 Stunde weich köcheln. Zwischendurch den Wasserstand überprüfen und bei Bedarf noch heißes Wasser angießen.

2. Den Ofen auf 180 °C vorheizen. Den restlichen Zucker und die Butter mit dem Rührmixer in einer Rührschüssel schaumig schlagen. Die Eier nacheinander unterrühren und so lange schlagen, bis die Masse deutlich aufhellt und lockerer wird. Den Schmand unterrühren. Das Mehl mit dem Backpulver und dem Zimt verrühren und unterziehen. Eine Backform einfetten. Eine Lage Teig einfüllen. Dann die Quittenstücke einschichten. Darüber die zweite Lage Teig geben. Den Kuchen etwa 50 Minuten goldbraun backen.

Stachelbeer-Biskuit-Tartelettes

Zutaten

Für 6 Tartelettes

Für den Teig

75 g Butter + Butter zum Einfetten, 75 g Zucker, 2 Eier, 2 EL Sahne, 150 g Mehl, 1 TL Backpulver

Für den Belag

200 g Stachelbeeren, idealerweise grüne und rote, 1 Päckchen Vanillezucker oder 1 EL Obstbrand oder Likör nach Belieben, 200 g Schmand

Außerdem

6er-Tartelette-Backform

Wenn Sie gerne kleine Törtchen servieren, lohnt sich die Investition in eine Tartelette-Form. Damit backen Sie luftig-leichte Biskuitböden, die Sie auch einfrieren können.

1. Den Ofen auf 170 °C vorheizen. Die Butter und den Zucker mit dem Rührmixer in einer Schüssel schaumig schlagen. Die Eier nacheinander unterrühren und so lange schlagen, bis die Masse aufhellt. Die Sahne unterrühren. Das Mehl mit dem Backpulver verrühren und vorsichtig unterrühren. Die Teigmasse sollte sehr klebrig sein. Die Tartelette-Form einfetten. Den Teig einfüllen, dabei jeweils einen kleinen Rand formen. Etwa 15 Minuten goldbraun und knusprig backen. Auf einem Keksgitter abkühlen lassen.

2. Für den Belag die Stachelbeeren verlesen, waschen, trockentupfen und in zwei Schüsseln farblich getrennt mit dem Vanillezucker oder dem Alkohol 30 Minuten marinieren lassen. Die grünen Beeren mit dem Schmand zerdrücken und in die Tartelette-Formen füllen. Die roten Beeren dekorativ darauf anrichten.

Zucchinikuchen mit Zitronenguss

Dass Zucchini kaum Eigengeschmack haben, ist kein Nachteil, sondern beim Backen ein Vorteil. Denn damit können Sie einen wunderbar gesund-saftigen Gemüsekuchen backen, ohne dass jemand errät, dass hier Ihre Zucchini verarbeitet wurden.

1. Den Ofen auf 160 °C vorheizen. Eine Kastenbackform einfetten. Die Butter mit dem Zucker und dem Öl mit dem Rührmixer in einer Schüssel schaumig schlagen. Die Crème fraîche unterrühren. Die Schokolade fein raspeln und unter den Teig rühren. Die Zucchini putzen, waschen und ganz fein raspeln oder pürieren, ebenfalls unterrühren. Das Mehl mit dem Natron verrühren, über den Teig sieben und einarbeiten. Den Teig in die Kastenform füllen. Den Kuchen 50 Minuten backen, dann eine Garprobe machen. Weist ein Zahnstocher keine Rückstände mehr auf, ist der Kuchen gar. Den Kuchen auf einem Keksgitter etwas abkühlen lassen.

2. Den Puderzucker in eine Schüssel füllen, die Zitrone auspressen und den Saft unterrühren, bis sich eine Glasur ergibt. Die Glasur mit einem Küchenpinsel auf dem Kuchen verstreichen. Nach etwa 1 Stunde ist die Glasur fest.

Zutaten

Für 1 Kuchen und etwa 10 Portionen

120 g Butter + 1 EL zum Einfetten, 150 g Zucker, 125 ml neutrales Pflanzenöl, 100 g Crème fraîche, 1 Tafel Bitterschokolade, 400 g Zucchini, 300 g Mehl, 1 TL Natron, 250 g Puderzucker, 1 Zitrone

Außerdem

Kastenbackform, Küchenpinsel

Biskuitrolle mit roten Beeren

Zutaten

Für 1 Biskuitrolle und etwa 14 Portionen

Für den Teig
5 Eier
1 Prise Salz
80 g feinster Zucker
100 g Mehl

Für die Füllung
500 g Sahne
400 g rote Beeren
nach Belieben
50 g Bitterschokolade

Außerdem
Backpapier
Frisches Geschirrtuch

Für diesen erfrischenden Retro-Klassiker können Sie eigentlich fast jedes Obst verwenden. Besonders appetitlich sehen zur cremigen Füllung rote Beeren aus, ob Himbeeren, Johannisbeeren oder Erdbeeren, auch gerne als Mischung.

1. Den Ofen auf 200 °C vorheizen. Die Eier trennen. Die Eiweiße mit dem Salz steif schlagen, dann beiseitestellen. Die Eigelbe mit 70 g Zucker schaumig schlagen, bis sie aufhellen. Das Mehl in die Eigelbmasse sieben, dann die Eiweiße unterheben und mit einem Teigspatel sorgfältig verteilen.

2. Ein Backblech mit Backpapier auslegen und den Teig mit einem Teigspatel fingerdick darauf verstreichen. Den Teig etwa 10 Minuten backen, bis er etwas Farbe angenommen hat und durchgebacken ist.

3. Das Geschirrtuch mit dem restlichen Zucker bestreuen. Den fertig gebackenen Teig an den Backpapierenden hochziehen und mit der Papierseite nach oben auf das Geschirrtuch legen. Das Papier ganz vorsichtig abziehen.

4. Für die Füllung die Sahne schlagen. Die Beeren waschen, bei Bedarf entstielen, die schönsten Früchte zur Garnierung beiseitelegen, die restlichen Beeren fein hacken.

5. Zwei Drittel der Sahne auf dem Teig verteilen; dabei den Rand aussparen. Die gehackten Beeren gleichmäßig auf dem Teig verstreuen. Die Rolle an einem Ende aufrollen, dabei das Geschirrtuch als Griff verwenden.

6. Die fertige Rolle mit der restlichen Sahne bestreichen und mit den restlichen Beeren garnieren. Die Schokolade fein hacken oder raspeln und darüberstreuen.

Bunte Johannisbeerentartes

Zutaten

Für 6 kleine Tartes oder etwa 9 Portionen

Für den Teig

160 g zimmerwarme Butter
+ Butter zum Einfetten
80 g feinster Zucker
60 g brauner Zucker
2 Eigelb (Eiweiß einfrieren)
240 g Mehl + Mehl
für die Arbeitsfläche
½ TL Backpulver

Für den Belag

200 g Sahne
50 ml Vollmilch
2 Eigelb
50 g feinster Zucker
30 g Speisestärke
400 g Johannisbeeren

Außerdem

Kleine Tarteformen oder eine
große Tarteform
Backpapier, Backerbsen

Natürlich können Sie diese Tartes auch in einer großen Form backen. Das Wichtigste daran sind die drei wundervollen Johannisbeertöne: champagnerfarben, dunkelblau und knallrot. Wenn Sie den Teig schon am Vorabend zubereiten und über Nacht im Kühlschrank ruhen lassen können – umso besser.

1. Für den Teig alle Zutaten mit dem Rührmixer in einer Rührschüssel verrühren. In Frischhaltefolie wickeln und im Kühlschrank mindestens 3 Stunden, idealerweise über Nacht ruhen lassen.

2. Zwei Stunden vor dem Backen die Creme für den Belag zubereiten: Die Sahne und die Vollmilch in einem Topf bei leichter Hitze erwärmen. Die Eigelbe mit dem Zucker und der Speisestärke sowie 2 EL warmer Sahne-Milch in einer Schüssel mit dem Schneebesen gut verschlagen.

3. Die erwärmte Sahne-Milch schöpflöffelweise zur Eigelbmasse geben und unterrühren. Die fertig verrührte Mischung zurück in den Topf geben. Unter ständigem Rühren vorsichtig erhitzen, bis die Masse eindickt. Vom Herd ziehen und im Kühlschrank 2 Stunden durchkühlen lassen.

4. Den Ofen auf 180 °C vorheizen. Den Teig auf einer bemehlten Arbeitsfläche ausrollen. Er könnte noch kleben, deshalb viel Mehl bereitstellen. Die Tarteformen einfetten, den Teig einpassen, dabei einen Rand von 2 – 3 cm Höhe formen. Den Teig mit Backpapier und Backerbsen abdecken und 20 Minuten goldgelb backen, bis er nicht mehr feucht und durchgebacken ist. Backpapier und Backerbsen entfernen.

5. Die Johannisbeeren verlesen, einige schöne Stängel zur Dekoration beiseitestellen, die restlichen Beeren mit einem Gabelzinken von den Stängeln ziehen, kalt abbrausen und trockentupfen. Die Creme auf dem Tarteboden verstreichen, darüber die Johannisbeeren und die Beeren am Stängel anrichten.

Zwetschgen–Haferflocken–Crumble

Zutaten

Dieser Crumble ist fix gemacht und dank des Zwetschgengeists ein Dessert für Erwachsene. Am besten schmeckt er lauwarm.

Für 1 Crumble und etwa 8 Portionen

100 g Mehl
140 g Zucker
100 g Haferflocken
(kein Instant)
120 g Butter
1 kg Pflaumen
1 Msp. Zimt
2 cl Zwetschengeist
oder nach Belieben

Außerdem

Vier- oder rechteckige,
mittelgroße Auflaufform

1. Den Ofen auf 180 °C vorheizen. Das Mehl mit 100 g Zucker, den Haferflocken und der Butter in Flocken mit dem Rührmixer verrühren, bis sich Krümel bilden. Alternativ den Teig von Hand zubereiten: Alle Zutaten in eine Schüssel füllen und mit den Fingerspitzen zu Teigkrümeln verarbeiten.

2. Die Pflaumen waschen, halbieren, entsteinen und hacken. In eine Schüssel geben und mit dem restlichen Zucker, dem Zimt und dem Zwetschgengeist verrühren.

3. Das Obst in die Auflaufform füllen, darüber die Teigkrümel streuen. 30 – 40 Minuten goldbraun backen.

Süß-pikanter Mangold-Pie

Zutaten

**Für 1 Pie und
etwa 6 Portionen**

Für den Teig

300 g Mehl + Mehl
für die Arbeitsfläche
1 ½ TL Backpulver
3 EL Zucker
3 EL Olivenöl
2 Eier

Für die Füllung

500 g Mangold
300 g aromatische Tomaten
Salz
1 EL Granatapfelsirup
1 TL Agavennektar
(aus dem Reformhaus
oder Bioladen)
2 Eier
100 g Frischkäse
nach Belieben
60 g Pinienkerne

Außerdem

Tarte- oder Pieform
mit losem Boden

Aus der aromatischen südfranzösischen Küche stammt die Originalvorlage für dieses Rezept, das ich etwas abgewandelt habe. Dort backt man den eigentlich herzhaft schmeckenden Mangold zusammen mit Äpfeln zu einem fruchtig-pikanten Pie. Ich habe stattdessen Tomaten und Granatapfelsirup verwendet. Der Pie schmeckt auch lauwarm sehr gut und ist ideal für einen Sommerabend.

1. Den Ofen auf 170 °C vorheizen. Die Zutaten für den Teig mit dem Rührmixer in einer Schüssel verrühren. In Frischhaltefolie wickeln und 20 Minuten im Kühlschrank ruhen lassen.

2. Für die Füllung den Mangold putzen. Die Stängel in fingerbreite Streifen schneiden, die Blätter grob hacken, beides gut waschen. Die Tomaten waschen und halbieren. Beides in einem Topf in wenig Salzwasser etwa 15 Minuten weich köcheln. Bei Bedarf abgießen und gut ausdrücken. In eine Schüssel umfüllen und mit Granatapfelsirup und Agavennektar aromatisieren, beiseitestellen. Die Eier mit dem Frischkäse verrühren und unterziehen.

3. Die Pinienkerne in einer ofenfesten Pfanne ohne Fettzugabe 2 – 3 Minuten rösten, dann unter die Füllung rühren.

4. Den Teig auf einer bemehlten Arbeitsfläche dünn ausrollen. Knapp zwei Drittel des Teigs in eine Pie- oder Tarteform einpassen, darüber die Füllung verteilen, den restlichen Teig als Deckel darübersetzen.

5. Den Pie auf den Ofenboden setzen und 10 Minuten backen. Dann auf einem Gitter in der Mitte des Backofens noch etwa 25 Minuten backen, bis der Teig fest ist und die Füllung fest und gar.

Karottenmuffins

Zutaten

Für 12 mittelgroße Muffins

2 Karotten
4 getrocknete Aprikosen
150 ml Rapsöl
100 g Frischkäse
2 Eier
300 g Mehl
1 TL Backpulver
½ TL Natron

Außerdem

Mittelgroße Muffinform
oder Papierförmchen

Diese Karottenmuffins schmecken zu fruchtigen Marmeladen ebenso wie zu Käse oder einfach so zum Aperitif. Rapsöl macht die Muffins saftiger als Butter. Verwenden Sie auf jeden Fall ein Öl ohne starken Eigengeschmack.

1. Den Ofen auf 180 °C vorheizen. Die Karotten schälen und raspeln. Die Aprikosen fein hacken. Beides mit dem Rapsöl in einer Schüssel mit einem Schneebesen verrühren.

2. Den Frischkäse mit den Eiern verrühren und unter die Karottenmasse heben.

3. Das Mehl mit dem Backpulver und dem Natron verrühren und über die Karotten-Frischkäse-Masse sieben, dann unterrühren.

4. Den Teig in die Muffinform bzw. in Papierförmchen füllen und etwa 20 Minuten goldbraun backen.

Tipp:

Es gibt Minikarotten aus Marzipan und sogar aus Watte. Letztere können wiederverwendet werden und machen aus diesen Muffins etwas Besonderes, wenn Sie sie übereinander zu einem Riesenmuffin-Kuchen stapeln.

Zucchinikuchen mit Oliven und Camembert

Zucchini schmecken natürlich nicht nur als Grundlage in einem saftigen Schokoladen-kuchen, sondern auch pikant wie in diesem überaus einfachen Rezept.

1. Den Ofen auf 180 °C vorheizen. Die Zucchini putzen, waschen und fein raspeln. Die getrockneten Tomaten und die grünen Oliven fein hacken. Alles in eine große Rührschüssel umfüllen.

2. Die Eier, das Öl und den Schmand verrühren und unterziehen.

3. Das Mehl mit dem Backpulver verrühren und unterziehen.

4. Eine Kastenbackform einfetten. Den Teig einfüllen. Den Camembert ganz fein schneiden und in den Teig drücken. Den Kastenkuchen etwa 35 Minuten goldgelb backen.

Zutaten

Für 1 Kuchen und etwa 10 Portionen

2 Zucchini
8 sonnengetrocknete Tomaten
10 entsteinte grüne Oliven
2 Eier
100 ml Pflanzenöl
150 g Schmand
300 g Mehl
2 TL Backpulver
1 EL Butter zum Einfetten
100 g Camembert

Außerdem
Mittelgroße Kastenbackform

Gegrillter Tomaten-Käse-Sandwich

Wenn Sie mal keine Lust zum Kuchenbacken haben, dann passt dieser wunderbare Ofen-Sandwich. Reife Tomaten aus dem Garten und geschmolzener Käse schmecken zusammen einfach perfekt.

1. Den Ofen auf 160 °C vorheizen. Die Tomaten waschen, in Scheiben schneiden und auf ein mit Backpapier ausgekleidetes Backblech legen.

2. Die Knoblauchzehe abziehen, fein hacken und mit dem Olivenöl, dem Salz, dem schwarzen Pfeffer und dem Zucker zu einem Dressing verquirlen. Das Dressing über die Tomaten träufeln. 30 Minuten backen, bis sie weich sind.

3. Das Brot längs aufschneiden. Den Käse fein hobeln. Das Brot mit den Tomaten, dem Sud und dem Käse belegen und noch 5 Minuten im Ofen backen, bis der Käse zerlaufen ist.

Für 1 Sandwich und 1 Portion

4 reife Tomaten
½ kleine Knoblauchzehe
2 EL Olivenöl
Salz
Schwarzer Pfeffer aus der Mühle
1 Prise Zucker
⅓ Baguette
100 g Fontina (oder anderer gut schmelzender Schnittkäse)

Außerdem
Backpapier

Tomatentarte mit Basilikum

Zutaten

**Für 1 Tarte und
2 – 3 Portionen**

1 TK-Blätterteig
100 g Ziegenfrischkäse
250 g reife Tomaten
Salz
Schwarzer Pfeffer
aus der Mühle
2 EL Olivenöl
1 l Frittieröl
10 große, einwandfreie
Basilikumblätter

Außerdem
Backpapier

Wenn große Basilikumblätter kurz in heißes Öl getaucht werden, wird ihre Farbe fast durchsichtig. Das gibt dieser Tarte den besonderen Kick. Das Frittieröl kann wiederverwendet werden; bewahren Sie es einfach im Kühlschrank auf.

1. Den Ofen auf 220 °C vorheizen. Den Blätterteig auf ein mit Backpapier ausgelegtes Backblech legen und rund zuschneiden (Ø ca. 32 cm). Mit Ziegenfrischkäse bestreichen, dabei einen Rand von etwa 1 cm lassen, diesen nach innen klappen.

2. Die Tomaten waschen, halbieren, den Saft und die Kerne herausdrücken, die Tomaten in feine Scheiben schneiden und über den Ziegenfrischkäse legen. Mit Salz und Pfeffer würzen und mit Olivenöl beträufeln.

3. Die Tomatentarte etwa 15 Minuten backen, bis die Tomaten gar sind und der Teigrand knusprig ist.

4. Inzwischen das Frittieröl erhitzen. Die Basilikumblätter mit einem Schaumlöffel einzeln kurz ins heiße Öl tauchen und auf Küchenpapier abtropfen lassen. Die Basilikumblätter auf der Tarte anrichten und die Tarte heiß servieren.

Maisbrot zu Tomatenmarmelade

Zutaten

Für 1 Maisbrot und etwa 6 Portionen

Für das Maisbrot
3 Maiskolben
(oder 250 g Mais)
100 g Mehl
1 TL Backpulver
1 Prise Salz
1 Msp. Chipotle-Chilipulver
(s. Tipp)
50 g Butter + Butter
zum Einfetten
1 Ei
100 ml Buttermilch

Für die Tomatenmarmelade
500 g reife Tomaten
1 kleine Chilischote
200 g Gelierzucker 1:3
1 Prise Nelkenpulver
1 Stück Ingwerwurzel (2 cm)
½ TL Kreuzkümmelpulver
oder nach Belieben
1 Limette

Außerdem
Kleinere quadratische
Backform oder Springform

Aus Amerika kommt dieser Klassiker, den ich am liebsten zu einem entspannten Brunch serviere.

1. Den Ofen auf 180 °C vorheizen. Die Maiskolben waschen. Mit der stumpfen Seite eines Messers die Maiskörner über einer großen Schüssel herausschaben. Mit den restlichen Zutaten für das Maisbrot verrühren.

2. Eine Form einfetten, den Teig einfüllen und etwa 25 Minuten goldgelb backen.

Tipp:
Chipotle-Chilipulver bekommen Sie im Internet oder im gut sortierten Gewürzregal. Es schmeckt nicht sehr scharf, sondern besitzt ein interessantes Raucharoma.

Tomatenmarmelade

Die Tomaten waschen und hacken. Die Chilischote waschen (wird im Ganzen weiterverwendet). Alle Zutaten für die Marmelade in einen Topf geben, einmal aufwallen lassen und etwa 15 Minuten bei mittlerer Hitze köcheln, bis die Tomaten gelieren. In sterilisierte Gläser abfüllen.

Tomaten-Parmesan-Kuchen

Ein kinderleichter Kuchen, der sich ideal zum Picknick oder für einen lässigen Sommernachmittag mit einem Schluck Rosé eignet.

1. Den Ofen auf 180 °C vorheizen. Die Eier mit dem Joghurt und dem Parmesan in einer Rührschüssel mit einem Schneebesen verrühren. Das Olivenöl, das Basilikum und das Salz unterrühren.

2. Die Tomaten waschen und vierteln. Den Saft und die Kerne herauspressen (sonst wird der Kuchen hinterher nicht richtig fest). Tomatenstückchen fein hacken und unter die Eiermasse rühren. Die Knoblauchzehe abziehen, fein hacken und ebenfalls unterrühren.

3. Das Mehl mit dem Backpulver verrühren und unter die Eier-Tomaten-Masse ziehen.

4. Eine Kastenbackform einfetten, den Teig einfüllen und etwa 40 Minuten goldgelb und leicht knusprig backen.

Zutaten

Für 1 Kuchen und etwa 10 Portionen

3 Eier
100 g Joghurt
(Fettstufe 10 %)
50 g geriebener Parmesan
1 EL Olivenöl + Öl
zum Einfetten
2 EL gehacktes Basilikum
1 TL Salz
300 g reife Tomaten
½ kleine Knoblauchzehe
200 g Mehl
2 TL Backpulver

Außerdem
Mittelgroße Kastenbackform

Zucchinigugelhupf mit Tomatencoulis

Zutaten

Für 1 Gugelhupf und etwa 12 Portionen

Für den Gugelhupf

1 EL Honig
1 Päckchen Trockenhefe
300 g Mehl
2 EL Olivenöl
2 Zucchini
1 Bio-Zitrone
Salz
1 EL Thymianpulver

Für den Kräuterfrischkäse

150 g Frischkäse
10 Blättchen Sauerampfer
1 Kistchen Kresse
nach Belieben
1 kleines Bund Schnittlauch
Salz
Schwarzer Pfeffer
aus der Mühle

Für die Tomatencoulis

300 g reife Tomaten
4 getrocknete Tomaten
3 EL Olivenöl
Salz
Schwarzer Pfeffer
aus der Mühle

Außerdem

Gugelhupfform

Im Elsass verwendet man die Gugelhupfform (dort Kugelhopf) nicht nur für süße, sondern auch für pikante Teige. Auf einem Büfett macht dieser Gugelhupf eine besonders gute Figur. Die Tomatencoulis ist zum Dippen gedacht. Selbst gemachter Kräuterfrischkäse ist die dritte Komponente des Trios.

1. Für den Gugelhupf den Honig und die Hefe in 100 ml warmem Wasser in einer großen Rührschüssel 15 Minuten stehen lassen, bis die Hefe aktiviert ist und Bläschen wirft. Das Mehl unterrühren. Mit Olivenöl bestreichen. Den Teig mit einem sauberen Geschirrtuch abdecken und an einem warmen Ort 50 Minuten gehen lassen.

2. Den Ofen auf 180 °C vorheizen. Die Zucchini putzen, waschen und fein raspeln. Die Schale der Zitrone fein abziehen. Beides mit dem Salz und dem Thymianpulver unter den Teig kneten.

3. Den Teig noch mal gut durchkneten und in eine Gugelhupfform einpassen, abgedeckt noch 10 Minuten gehen lassen, dann etwa 30 Minuten goldgelb backen.

4. Für den Kräuterkäse den Frischkäse in eine Schüssel geben, die Kräuter kalt abbrausen, trockenschütteln, fein hacken und mit Salz und Pfeffer unter den Frischkäse rühren.

5. Für die Coulis die Tomaten waschen und mit den restlichen Zutaten in einem Standmixer pürieren. Durch ein Haarsieb passieren und in eine Schüssel füllen.

Herbst – Zeit, um reiche Ernte einzufahren …

Die fruchtige Beerensüße des Sommers weicht im Herbst herzhaften Aromen. Äpfel, Holunderbeeren, Radieschenblätter, Fenchel, Kürbis und Rote Bete schmecken würzig und erdig. Altmodisch duftende Apfelkuchen, ein Brotpudding mit Äpfeln oder eine Karotten-Paprika-Tarte mit vielen Vitaminen laden dazu ein, wieder mehr Zeit zu Hause zu verbringen.

Der goldene Herbst

Die Farben, Düfte und Aromen des Herbstes sind besonders intensiv und leuchtend. Wenn die letzten intensiven Sonnenstrahlen auf verfärbtes Herbstlaub fallen, dann erleben wir auch in Deutschland einen Indian Summer der Sonderklasse. Den Namen verdankt diese letzte warme Zeit im Jahr tatsächlich den Indianern an der Ostküste der USA. Diese sammelten dann Essbares für die harte Winterzeit – ein gutes Vorbild für uns. Aus Karotten und Roten Beten lassen sich würzige Kuchen backen oder süße Sachen mit Schokoladeraspel und Kokosnuss. Aus einfachen Äpfeln werden Apfelküchlein mit Zimthaube oder eine elegante Torte mit Apfelteearoma. Oder schon etwas für die Tage, an denen das Laub nicht mehr im Sonnenschein raschelt, sondern feucht unter Gummistiefeln hin und her rutscht. Dann braucht unser Körper etwas Wärme, beispielsweise einen sahnigen Brotpudding mit Calvados-Äpfeln. Oder Kürbis in allen Variationen, von der süßen Tarte bis zum Kuchen mit Pinienkernen und marinierten Rosinen.

✳ Apfel

Wenn Sie zu den (vielen) Glücklichen gehören, die Äpfel lieben und gut vertragen, dann möchte ich Sie jetzt richtig beneiden. Ich liebe Äpfel auch, aber mein Bauch nicht (das liegt am hohen Fruchtzuckergehalt). Äpfel sind aber nicht nur sehr lecker, sondern auch sehr gesund. US-amerikanische Wissenschaftler konnten beweisen, dass der Biss in einen knackigen Apfel gut für die Zähne ist, denn der Speichelfluss, der dadurch entsteht, hemmt die Entstehung von Bakterien. Äpfel sollen überdies sowohl gegen Parkinson als auch gegen Alzheimer helfen. Und die Cholesterinwerte senken. Eindeutig sind ihre beeindruckenden Inhaltsstoffe – der hohe Gehalt an Vitaminen, Ballaststoffen und Mineralien. Und auch ihr relativ niedriger Kaloriengehalt ist interessant: Ein mittelgroßer Apfel hat unter 100 kcal.

✳ Aubergine

Die Aubergine gehört wie die Tomate und die Kartoffel zur Familie der Nachtschattengewächse. Und ist botanisch gesehen ein Obst, kein Gemüse. Man findet sie in vielen Länderküchen – von Italien bis Japan – und in vielen Looks – von kugelig-klein und fast weiß bis zu lang und fast schwarz. Die Aubergine braucht zwar Fett, um aromatisch zu schmecken, aber sie ist trotzdem sehr gesund. Neben Vitaminen besitzt sie Pflanzeninhaltsstoffe, die entzündungshemmend wirken sollen. Außerdem gilt die Aubergine als kleine Wunderwaffe beim Schutz vor Herzerkrankungen.

Auberginen halten sich im Kühlschrank gelagert etwa eine Woche. Sie sollten möglichst separat aufbewahrt werden, da sie auf das Reifegas anderer Früchte und Gemüse empfindlich reagieren.

✳ Holunder

Sicherlich eines der attraktivsten Früchtchen unter den Sträuchern und das, obwohl er so weitverbreitet ist. Im späten Frühling verströmen seine schneeweißen und in ihrer Größe höchstens mit dem Parasolpilz vergleichbaren Rispen einen unvergleichlich süßlich-blütigen Duft. Und im Herbst sitzen an den weit ausladenden Stielen wahre Gesundheitsbomben, deren tiefdunkler Saft allerdings eher als Farbbombe zu behandeln ist, denn er lässt sich kaum herauswaschen.

Mit Holunderbeeren können Küchlein, Kuchen oder Cobbler (amerikanischer Obstauflauf) gebacken werden – eigentlich kann man sie in allen Rezepten verwenden, die man mit Blaubeeren backen kann. Feine säuerliche Gelees, die aufs Milchbrötchen oder zum Wildgericht passen, lassen sich ebenfalls aus Holunderbeeren zubereiten.

Die meisten Menschen vertragen Holunderbeeren übrigens nicht roh. Trotzdem ist ihr gesundheitlicher Nutzwert beträchtlich. Sie haben sehr viel Kalzium und Betacarotin. Ein Sirup aus gekochten Holunderbeeren ist noch heute das klassische Hausmittel bei Erkältung, Schnupfen und

Halsweh; immerhin haben Holunderbeeren sogar mehr Vitamin C als Orangen. Die amerikanischen Indianer hielten den Holunder übrigens für die Apotheke des einfachen Mannes.

✳ Fenchel

Das relativ stark an Anis erinnernde Aroma von Fenchel ist Geschmackssache. Fenchelfans mögen diese Pflanze roh oder mit Käse überbacken. Ein simpler und gesunder Winterklassiker ist beispielsweise kurz gegarter Fenchel mit einer Haube aus geschmolzenem, aromatischem Käse. Zu Fisch schmeckt Fenchel besonders gut. Fenchelknollen kann man auch roh als Antipasti zum würzigen Dip genießen. Sein hoher Gehalt an Vitamin C und Kalzium macht Fenchel zu

einem wunderbaren Wintergemüse. Immerhin war Fenchel im Jahr 2009 Arzneipflanze des Jahres.

Fenchel hält sich im Gemüsefach des Kühlschranks mehrere Tage, am besten in einen Plastikbeutel für Gemüse gewickelt.

Auch das Fenchelkraut schmeckt würzig; es erinnert geschmacklich an Dill und schmeckt hervorragend zum Beispiel roh in Salaten, fein gehackt an Saucen oder als Garnierung, wenn Ihnen Petersilie etwas zu langweilig ist.

✳ Kastanien

Kastanien können eigentlich alles: Gekocht schmecken sie als Püree zu Wild, kandiert schmecken sie als Weihnachtskonfekt (in Frankreich ist das sehr beliebt). Kastanien im

Ofen zu rösten, von Hand aufzupulen und zu einem Glas Süßwein zu genießen, das ist ein kleiner aromatischer und atmosphärischer Event, den nur der Herbst bietet.

Sie halten sich etwa eine Woche im Gemüsefach des Kühlschranks oder in einer Papiertüte an einem kühlen, dunklen Ort, lassen sich aber auch sehr gut einfrieren (vorher von der Schale befreien). Aus Kastanienmehl bäckt man in Italien würzige Kuchen.

✳ Kürbis

Kürbis ist aus unserer Küche gar nicht wegzudenken. Doch tatsächlich ist Kürbis ein Powerfood der Indianer. Die ersten weißen Siedler in Amerika kannten ihn nicht und hätten beinahe auch nicht überlebt, wenn ihnen wohlgesinnte Indianer-

stämme an der Ostküste nicht den richtigen Umgang mit Kürbis beigebracht hätten.

Es gibt eine beeindruckende Bandbreite an Kürbissorten, leuchtend orangefarbenen Hokkaido, hellgelben Butternut, dunkelgrünen Moschuskürbis und den ungewöhnlich geformten Muskatkürbis. So vielfältig wie das Aussehen sind auch die Einsatzmöglichkeiten in der Küche. Dieses überaus vielseitige Gemüse ist die Grundlage für Suppen, für Pasta-Füllungen, eine Beilage zu Geflügel und etwas für die feine Backküche. Der (relativ große) steirische Ölkürbis hingegen wird nicht wegen seines Fleisches geschätzt, sondern wegen seiner Kerne. Diese sind nicht verholzt, sondern nur von einem dünnen Silberhäutchen umgeben, lassen sich deshalb sehr gut pressen und liefern das tief dunkelgrüne und sehr aromatische Kürbiskernöl, das in der Steiermark sogar bei süßen Sachen zum Einsatz kommt.

Kürbisfleisch hat viel Vitamin A, das für gesunde Haut und Augen sorgt. Auch die Kürbiskerne sind nahrhaft und überdies sehr lecker. Kürbisse lassen sich im Ganzen bis zu einem Monat aufbewahren, können in der Kühlung zwei bis drei Monate ohne Qualitätseinbuße überstehen und lassen sich gegart als Püree einfrieren (das hält dann mehrere Monate). Die dünne Schale des Hokkaidokürbisses kann mitgegessen werden. Am wenigsten Abfall produziert der Butternutkürbis (auch Birnenkürbis genannt), der sich überdies mit einem Sparschäler kinderleicht schälen lässt. Zur Familie der Kürbisse gehören auch die Zucchini und die Wassermelone.

✳ Radieschen

Radieschen gehören in die Senf-Familie. In Italien isst man sie als Antipasto, und zwar interessanterweise mit eiskalter, gesalzener Butter. Für Ernährungswissenschaftler sind Radieschen, die je nach Sorte leichter bis ausgeprägter nach Pfeffer schmecken, ein effektiver Schutz vor Magenkrebs: Eine Handvoll Radieschen pro Tag ist eine empfohlene Dosis. Radieschen schmecken nur, wenn sie knackig sind. Geben sie auf Druck etwas nach, sind sie höchstwahrscheinlich trocken und faserig.
Auch das Radieschengrün schmeckt prima, fein geschnitten als Salatkraut oder auch angemacht mit einem Öldressing, ebenso als leichtes kühles Sommersüppchen.

✳ Rote Bete

Rote Bete gehört für mich zu den absoluten Alleskönnern in der Küche. Selbst in der internationalen Sternegastronomie werden Rote Bete süß und pikant verwendet. Mit ihr kann man Schokoladenkuchen backen. Und pikante Häppchen. Man kann sie einlegen – dann bleiben die Inhaltsstoffe erhalten. Und sogar roh servieren.
Tragen Sie beim Schälen immer Handschuhe, denn der austretende Saft färbt die Finger nachhaltig lilarot. Die Wurzeln können im Ganzen gekocht oder im Ofen gebacken werden

(dann erst gegart schälen) oder bereits in Scheiben geschnitten (dann sollten sie vorher geschält werden), doch Letzteres lässt wertvolle Inhaltsstoffe im Kochwasser verschwinden.
Nicht nur die Knolle ist gesund, aromatisch und lecker, auch die Blätter der Roten Bete lassen sich vielseitig verwenden, vom Pizzabelag bis zum Gemüse.
Besonders dekorativ ist die Chioggia-Bete mit ihrem schönen gelb-roten Muster. Aber auch die banale Bete ist ein guter Lieferant von Vitamin C und des Mineralstoffs Betain, der der Leber ein bisschen Ruhe gönnt und den Fettstoffwechsel positiv beeinflusst.
In einem speziellen Plastikbeutel für Gemüse (er hat feine Löcher für die Luftzirkulation) halten sich frisch geerntete Rote Beten mehrere Wochen im Gemüsefach des Kühlschranks.

Tarte Tatin mit Apfelteearoma

Zutaten

Für 1 Tarte Tatin und etwa 8 Portionen

Für den Boden

120 g eiskalte Butter + Butter zum Einfetten
150 g Mehl + Mehl für die Arbeitsfläche
3 EL feinster Zucker
1 Prise Salz
1 Bio-Zitrone
1 Eigelb (Eiweiß einfrieren)

Für die Füllung

150 g feinster Zucker
80 ml Apfeltee
120 g Butter
6 Äpfel nach Belieben

Außerdem

Mittelgroße Springform
Mittelgroße, ofenfeste Pfanne

Der beste Beweis dafür, dass ein Küchenunfall gar kein Unglück sein muss. Diese Tarte war eine ganz normale Torte, die der Schwester Tatin auf dem Weg von der Küche ins Wohnzimmer auf den Boden fiel. Kurz entschlossen drehte sie sie einfach um und servierte sie mit der Füllung – klassisch sind Äpfel – nach oben.

1. Für den Boden die Butter mit einer groben Gemüsereibe in eine Rührschüssel reiben. Das Mehl mit dem Zucker und dem Salz mit dem Rührmixer unterrühren. Die Zitrone pressen, den Saft zur Seite stellen, die Schale fein reiben und mit dem Eigelb und 2 – 3 EL eiskaltem Wasser unter den Teig rühren.

2. Eine Springform einfetten. Den Teig auf einer bemehlten Arbeitsfläche zu einem passenden Rund für die Springform ausrollen. Den Teig einpassen und mit Frischhaltefolie abdecken, mindestens 1 Stunde (oder über Nacht) im Kühlschrank ruhen lassen.

3. Den Ofen auf 180 °C vorheizen. Für die Füllung den Zucker mit dem Apfeltee und dem Zitronensaft in einer Pfanne im Ofen zum Kochen bringen. Die Butter in Flocken unterrühren und zerschmelzen lassen. Die Äpfel schälen, entkernen, vierteln und mit der runden Seite nach unten in einem schönen Muster auslegen. Die Pfanne wieder in den Ofen geben, 10 Minuten backen.

4. Den Teig aus der Kühlung nehmen. Die Pfanne aus dem Ofen nehmen. Den Teig direkt über die Äpfel drücken und an den Seiten an den Pfannenrand drücken. Noch 20 Minuten backen, bis der Teig goldbraun und knusprig ist. Die Tarte 10 Minuten in der Form abkühlen lassen, dann auf eine große Kuchenplatte stürzen.

Brotpudding mit Calvados–Äpfeln

Zutaten

Für 1 Brotpudding und etwa 8 Portionen

3 Äpfel, 2 cl Calvados, 1 altbackenes Kastenweißbrot, 100 g Butter, 2 Eiweiß, 2 EL Zucker, 300 ml Vollmilch, 300 g Sahne

Außerdem

Auflaufform mit etwas höherem Rand

Ein Brotpudding ist eine prima Sache für den Herbst, wenn die ersten Stürme tosen und man sich ein bisschen von innen wärmen möchte.

1. Die Äpfel vierteln, entkernen, schälen und in feine Stücke schneiden. In ein Schüsselchen umfüllen und mit dem Calvados begießen. 30 Minuten durchziehen lassen, dabei mehrfach umrühren.

2. Das Kastenweißbrot in fingerdicke Scheiben schneiden und leicht buttern. Den Rest der Butter zum Einbuttern der Auflaufform verwenden. Die Brotscheiben aufrecht in die Form stellen. Den Ofen auf 160 °C vorheizen.

3. Aus den Eiweißen, dem Zucker, der Vollmilch und der Sahne eine Creme rühren. Die Äpfel abgießen und den Sud unter die Creme rühren. Die Brotscheiben damit begießen und die Äpfel in die Zwischenräume stecken. 20 Minuten ruhen lassen. Den Brotpudding 30–40 Minuten goldbraun backen und lauwarm servieren.

Tipp: Wenn Sie den Pudding Kindern servieren wollen, ersetzen Sie den Calvados durch eine halbe Bourbonvanilleschote und marinieren die Äpfel in Zitronensaft. Den Zitronensaft nicht weiterverwenden.

Karottenkuchen mit Bananen

Supersaftig und nicht zu süß ist dieser Karottenkuchen, der nicht mit Butter, sondern mit Öl gebacken wird. Verwenden Sie ein geschmacksneutrales Öl, beispielsweise Sonnenblumenöl oder Rapsöl. Die Banane darf auch ruhig schon sehr reif sein.

1. Den Ofen auf 180 °C vorheizen. Die Karotten schälen und ganz fein in eine große Rührschüssel raspeln. Die Banane schälen und fein hacken oder zerdrücken und zugeben. Das Pflanzenöl mit dem Schmand und den Eiern verschlagen und mit einem Schneebesen unterrühren.

2. Das Mehl mit dem Natron und dem braunen Zucker verrühren und unter den Teig rühren. Eine Kastenbackform einfetten, den Teig einfüllen und etwa 45 Minuten goldbraun backen.

Zutaten

Für 1 Kastenkuchen und etwa 10 Portionen

4 Karotten (etwa 350 g),
1 Banane, 125 ml Pflanzenöl,
80 g Schmand, 2 Eier,
250 g Mehl, 1 EL Natron,
130 g brauner Zucker

Außerdem

Mittelgroße Kastenbackform

Rote-Bete-Muffins mit Kokosnuss

Saftig, nicht zu süß und vor allen Dingen sehr gesund sind diese Muffins, deren Grundzutat Ihre Kinder bestimmt nicht erraten werden.

1. Den Ofen auf 180 °C vorheizen. Die Rote Bete schälen (Handschuhe!) und fein raspeln. In eine große Rührschüssel umfüllen. Die Kokosraspel unterrühren. Die Datteln entsteinen und fein hacken, ebenfalls unterrühren.

2. Die Eier mit der Vollmilch und dem Pflanzenöl verquirlen und unterrühren. Den Zucker mit dem Mehl, dem Backpulver und dem Natron unterrühren. Den Teig in die Muffinform füllen und die Muffins etwa 25 Minuten goldgelb backen.

Tipp: Diese Muffins schmecken auch lecker mit weißer Schokolade. Geben Sie 40 g fein gehackt in den Teig.

Zutaten

Für 12 große Muffins

1 große Rote Bete (etwa 300 g), 100 g frische, ungesüßte Kokosraspel (etwa ⅓ einer frischen Kokosnuss) oder 60 g getrocknete Kokosraspel, 3 getrocknete Datteln, 2 Eier, 150 ml Vollmilch, 60 ml Pflanzenöl, 150 g brauner Zucker, 200 g Mehl, 1 TL Backpulver, 1 TL Natron

Außerdem

Muffinform

Clafoutis mit Holunderbeeren

Klassisch wird diese Eierspeise aus dem Ofen mit Kirschen gemacht, aber sie passt auch sehr gut zu säuerlichem Obst wie Johannisbeeren oder eben Holunderbeeren.

1. Den Ofen auf 190 °C vorheizen. Eine Auflaufform einfetten. Das Mehl mit dem Zucker verrühren und in eine Rührschüssel geben. Die Vollmilch mit den Eiern verschlagen und sorgfältig unterrühren.

2. Die Holunderbeeren kalt abbrausen und mithilfe einer Gabel von den Stängeln ziehen. Den Boden der Auflaufform mit den Holunderbeeren ausstreuen.

3. Den Eierteig angießen und das Clafoutis etwa 25 Minuten goldbraun backen.

Tipp: Wenn Sie im Voraus planen können, dann legen Sie die Holunderbeeren mit Stängeln über Nacht in den Kühlschrank. Dann lassen sie sich leichter vom Stängel ziehen.

Zutaten

Für 1 Clafoutis und etwa 4 Portionen

2 EL Butter zum Einfetten
80 g Mehl
120 g feinster Zucker
300 ml Vollmilch
2 Eier
150 g Holunderbeeren

Außerdem
Auflaufform

Kastanienkuchen mit Schokolade

Zutaten

Für 1 Kuchen und etwa 12 Portionen

800 g Esskastanien
mit Schale (etwa 500 g
ohne Schale)
3 EL Sahne
250 g Bitterschokolade (bis
etwa 70 % Kakaogehalt)
6 Eier
125 g Butter
2 EL Rum oder
nach Belieben
3 EL feinster Zucker

Außerdem

Mittelgroße Springform

Falls Sie Kastanien nicht selbst im Garten haben, dann können Sie sie im Herbst mittlerweile im gut sortierten Supermarkt bekommen. Auch vakuumiert und küchenfertig gibt es sie bereits zu kaufen.

1. Den Ofen auf 180 °C vorheizen. Falls die Kastanien noch nicht küchenfertig sind: Kastanien an der breiten Seite mit einem scharfen Messer längs einritzen. Auf ein Backblech legen und etwa 20 Minuten backen, bis die Schale aufgeplatzt ist. Den Ofen nicht ausstellen. Die Kastanien etwas abkühlen lassen, dann aus der Schale lösen, grob hacken und im Standmixer mit der Sahne fein pürieren.

2. Die Schokolade grob hacken und in einem Wasserbad bei leichter Hitze zerschmelzen. Die Eier trennen. Die Eiweiße in einer Rührschüssel steif schlagen und beiseitestellen.

3. Die Butter mit einer groben Gemüsereibe in eine Rührschüssel reiben und mit dem Rührmixer mit dem Kastanienpüree vermengen. Die Eigelbe nacheinander in die Masse rühren und sehr gut schlagen.

4. Die zerlassene Schokolade unterrühren. Die geschlagenen Eiweiße mit einem Küchenspatel unterziehen. Den Rum, falls verwendet, angießen und unterrühren und den Teig mit Zucker süßen.

5. Den Teig in eine eingefettete Springform füllen und etwa 45 Minuten backen, bis er gar ist. Falls er oben zu sehr eindunkelt, mit Alufolie abdecken.

Apfelkuchen mit Quittengelee

Wenn Sie sich beim Belegen des Teigs etwas Zeit und Muße lassen, sieht der fertige Kuchen hinterher ein bisschen so aus wie eine große Blüte.

1. Das Mehl auf eine Arbeitsfläche sieben und eine Mulde in die Mitte drücken. Den Zucker mit dem Eiweiß in die Mulde geben. Die Butter in Flocken zugeben, nun alles zu einem Teig verkneten. Den Teig in Frischhaltefolie wickeln und 1 Stunde im Kühlschrank ruhen lassen.

2. Inzwischen die Äpfel schälen, halbieren, entkernen und in Spalten schneiden. Den Ofen auf 180 °C vorheizen. Eine Springform einfetten.

3. Den Teig passend für die Springform ausrollen und in die eingefettete Springform legen. Die Äpfel einlegen. Das Gelee mit etwas Wasser verrühren und auf dem Obst verstreichen. Den Kuchen 30 Minuten goldgelb backen.

Quittengelee

1. Die Quitten kalt abwaschen und grob hacken. In einen Topf legen, mit 3 l Wasser bedecken. Zum Kochen bringen. Alle Zitronen pressen, von der Bio-Zitrone die Schale abziehen, alles unterrühren, einmal aufwallen lassen, dann 1 ½ Stunden köcheln lassen, bis die Quitten sich rötlich verfärbt haben. Das Mus in ein sauberes Küchentuch umfüllen, über einen Durchschlag (Seiher mit größeren Öffnungen) und eine Schüssel hängen, fest zusammendrehen und über Nacht abtropfen lassen.

2. Den Saft mit der gleichen Menge Zucker einmal aufkochen lassen, dann 20 Minuten köcheln, bis er geliert. Auftretenden Schaum abschöpfen.

Zutaten

Für 1 Kuchen und etwa 12 Portionen

Für den Kuchen
240 g Mehl
100 g Zucker
1 Eiweiß
130 g Butter
4 aromatische Äpfel
3 EL Quittengelee

Für das Quittengelee
6 Quitten
1 Bio-Zitrone
2 Zitronen
500 – 750 g Zucker

Außerdem
Mittelgroße Springform

Karotten-Cupcakes mit Frischkäse

Zutaten

Für etwa 12 Muffins

Für den Teig

300 g Mehl
1 TL Backpulver
1 TL Natron
½ TL Zimtpulver
1 Msp. Muskatnusspulver
1 Msp. Pimentpulver
1 Msp. Nelkenpulver
140 g Zucker
2 Eier
2 mittelgroße Karotten
(etwa 300 g)
1 große Saftorange
150 g Schmand
125 ml geschmacksneutrales
Pflanzenöl
60 g Marzipan

Für das Topping

250 g Frischkäse
3 EL Butter
150 g Puderzucker
12 Marzipankarotten
nach Belieben

Außerdem

Muffinform
Ggf. Spritzbeutel
mit mittlerer Tülle

Besonders niedlich sehen diese Muffins aus, wenn Sie sie mit Karotten aus Marzipan (Fachhandel oder Backregal im gut sortierten Supermarkt) dekorieren. Wenn Sie auf die schlanke Linie achten wollen, dann werden aus diesen Cupcakes im Handumdrehen figurfreundlichere Muffins – einfach den Belag weglassen.

1. Den Ofen auf 190 °C vorheizen. Für den Teig das Mehl mit dem Backpulver, dem Natron, den Gewürzen und dem Zucker in einer großen Rührschüssel verrühren. Den Zucker und die Eier verschlagen und unterrühren. Die Karotten schälen, fein raspeln und unterrühren.

2. Die Saftorange pressen und mit dem Schmand und dem Pflanzenöl unterrühren. Das Marzipan reiben und unterziehen. Den Teig auf eine Muffinform verteilen und etwa 20 Minuten goldbraun backen.

3. In der Zwischenzeit für das Topping den Frischkäse in eine Schüssel geben. Die Butter mit einer groben Gemüsereibe dazureiben und den Puderzucker unterrühren. Alles mit einem Rührmixer schaumig schlagen und in einen Spritzbeutel (mittlere Tülle) füllen.

4. Die Muffins etwas abkühlen lassen. Das Topping in einem dekorativen Muster auf den Muffins verteilen, darauf die Marzipankarotten (falls verwendet) setzen.

Apfelküchlein mit Zimthaube

Zutaten

Für etwa 12 Küchlein

140 g Butter + Butter
zum Einfetten, 150 g feinster
Zucker, 2 Eier, 4 Äpfel,
300 g Mehl, 1 TL Backpulver,
½ TL Natron, 80 g brauner
Zucker, 1 Msp. Zimtpulver
oder nach Belieben

Außerdem

Minitörtchenform

Wenn Sie keine Backform für Minitörtchen haben, dann können Sie hier auch Ihr Muffinsblech zweckentfremden. Die Küchlein schmecken am besten, wenn sie noch lauwarm sind.

1. Den Ofen auf 190 °C vorheizen und die Form einfetten. 120 g Butter mit dem Zucker in einer Rührschüssel schaumig schlagen. Die Eier nacheinander unterrühren und weiterschlagen, bis die Masse aufhellt.

2. Die Äpfel schälen, vierteln, vom Kerngehäuse befreien und fein hacken. Unterrühren. Das Mehl mit dem Backpulver und dem Natron verrühren und unterziehen.

3. Den Teig in die eingefettete Form füllen. Den braunen Zucker mit dem Zimtpulver und der restlichen Butter verrühren. Über den Küchlein verteilen. Die Küchlein etwa 20 Minuten goldgelb und knusprig backen.

Kürbismuffins mit Zimt

Kürbis ist eine tolle Sache, denn er schmeckt pikant und auch als süße Variante. Für diese Muffins können Sie jede Sorte verwenden.

1. Den Ofen auf 190 °C vorheizen. Das Kürbisfleisch fein hacken oder im Standmixer stückig pürieren. Das Ei mit der Buttermilch, dem Pflanzenöl und dem Zimt mit einem Schneebesen in einer Rührschüssel vermengen.

2. Das Mehl mit dem Backpulver, dem Natron und dem Zucker verrühren und unterrühren. Das Kürbisfleisch unterrühren. Die Masse in eine Muffinform füllen und etwa 20 Minuten goldgelb backen.

Tipp: Diese Muffins schmecken auch sehr lecker mit Nüssen.

Zutaten

Für 12 Muffins

350 g Kürbisfleisch, 1 Ei, 250 ml Buttermilch, 120 ml Pflanzenöl (z.B. Sonnenblumenöl), ½ TL Zimt oder nach Belieben, 300 g Mehl, 2 TL Backpulver, ½ TL Natron, 140 g Zucker

Außerdem

Muffinform

Quitten-Birnen-Crumble

Quitten und Birnen sehen sich nicht nur ähnlich, sie gehören auch in die gleiche Familie. Hier werden sie für einen leckeren Krümelkuchen vereint.

1. Den Ofen auf 180 °C vorheizen. Die Quitten abwaschen, vierteln, entkernen und fein hacken. Die Birnen schälen. Das Obst mit dem Birnensaft, dem Zucker und den Gewürznelken in einem Topf aufsetzen, aufwallen lassen und 30 Minuten weich köcheln. Die Gewürznelken entfernen. Das Obst in eine Auflaufform füllen.

2. Das Mehl und die Butter in einer Schüssel mit den Fingern zerreiben, den Zucker unterrühren, bis sich Krümel bilden. Diese Krümel über dem Obst verteilen und den Crumble etwa 30 Minuten goldbraun backen.

Zutaten

Für 1 Crumble und etwa 8 Portionen

Für die Füllung

2 Quitten, 4 Birnen, 150 ml Birnensaft, 100 g Zucker, 2 Gewürznelken

Für den Crumble

200 g Mehl, 150 g Butter, 100 g brauner Zucker

Außerdem

Ofenfeste Auflaufform

Schokoladenkuchen mit Roter Bete

Rote Bete, die viele Leute ja schon als Gemüse nicht mögen (Assoziationen von sauer eingelegten Kügelchen, mit viel zu viel Kümmel gewürzt, drängen sich automatisch auf), soll einen Kuchen mit viel dunkler Schokolade verfeinern? Tatsächlich betont das erdige, mineralische Aroma der Roten Bete das Aroma von Bitterschokolade. Raspeln Sie sie ganz klein und lassen Sie Familie und Gäste raten.

1. Den Ofen auf 160 °C vorheizen. Die Eier trennen. Die Eiweiße in einer Rührschüssel steif schlagen und beiseitestellen. Die Eigelbe beiseitestellen.

2. Die Rote Bete ganz fein reiben (Handschuhe!) oder im Standmixer pürieren. Die Bitterschokolade raspeln. Beides in eine Rührschüssel geben, den Kaffee angießen und vorsichtig verrühren. Die Butter würfeln oder reiben und unterrühren.

3. Das Mehl mit dem Backpulver und dem Kakaopulver verrühren und mit dem Rührmixer unterziehen. Die Eigelbe nacheinander unterrühren. Dann den Zucker einrühren.

4. Mit einer Gabel die steif geschlagenen Eiweiße unter den Teig ziehen. Dabei vorsichtig arbeiten: Das Eiweiß macht den Teig luftig, es sollte also nicht geschlagen, jedoch schon gleichmäßig verteilt werden.

5. Eine Springform einfetten. Den Teig einfüllen. 50 Minuten backen, dann eine Garprobe machen. Weist ein Zahnstocher keine Rückstände mehr auf, ist der Kuchen gar. Vor dem Stürzen noch einige Minuten ruhen lassen.

Zutaten

Für 1 Kuchen und etwa 12 Portionen

5 Eier
250 g fertig gegarte Rote Bete (vakuumiert)
200 g Bitterschokolade (ca. 70 % Kakaogehalt)
250 ml starker Kaffee (nicht heiß)
200 g Butter + Butter zum Einfetten
150 g Mehl
1 Päckchen Backpulver
50 g Kakaopulver (kein Instant)
150 g Zucker

Außerdem

Mittelgroße Springform

Karottenkuchen mit Ziegenkäse

Zutaten

Für 1 Kuchen und etwa 10 Portionen

2 Eier
150 ml Pflanzenöl
(z. B. Rapsöl) + Öl
zum Einfetten
100 g Ziegenfrischkäse
½ TL ganzer Kümmel
80 g brauner Zucker
300 g Karotten
4 getrocknete Aprikosen
250 g Mehl
1 EL Backpulver

Außerdem

Mittelgroße Kastenbackform

Dieser Kuchen schmeckt trotz Käse und Kümmel nur ganz leicht herzhaft und passt sehr gut in den Picknickkorb, zu Käse und Aufschnitt und sogar zu Marmelade.

1. Den Ofen auf 180 °C vorheizen und eine Kastenbackform einfetten. Die Eier, das Pflanzenöl und den Ziegenfrischkäse in einer Rührschüssel mit dem Rührmixer aufschlagen. Den Kümmel mit dem braunen Zucker verrühren und unterrühren.

2. Die Karotten schälen und raspeln, die getrockneten Aprikosen fein würfeln. Beides unter den Teig rühren.

3. Das Mehl mit dem Backpulver verrühren und unterziehen. Den Teig in die eingefettete Kastenform füllen und etwa 50 Minuten goldgelb backen.

Fenchel–Käse–Pie mit eingelegten Tomaten

Zutaten

**Für 1 Pie und
etwa 10 Portionen**

Für den Pie

2 mittelgroße Fenchelknollen
Salz
1 EL Öl zum Einfetten
1 TK-Blätterteig
100 g aromatischer
Reibekäse
(z. B. mittelalter Gouda)
150 ml Vollmilch
150 g Crème fraîche
2 Eier
Schwarzer Pfeffer
aus der Mühle

**Für die
eingelegten Tomaten**

500 g Tomaten
1 kleine Knoblauchzehe
3 EL Olivenöl
1 EL frischer Thymian
Salz

Außerdem

Mittelgroße Springform
oder Pieform

Wenn Sie im Sommer eine schöne Tomatenernte hatten, können Sie die Tomaten im Dörrautomaten (oder auch im Backofen, da dauert es etwa dreimal so lange) trocknen und dann mit Olivenöl und Kräutern – vielleicht auch aus dem eigenen Garten? – für ein paar Wochen haltbar machen.

1. Die Fenchelknollen putzen, den bitteren inneren Kern heraustrennen und in wenig Salzwasser etwa 20 Minuten garen, bis sie weicher sind. Etwas abkühlen lassen.

2. Den Ofen auf 190 °C vorheizen und die Form einfetten. Die Fenchelknollen in feine Streifen schneiden. Den TK-Blätterteig rund zuschneiden und in die eingefettete Form einpassen. Die Fenchelstreifen darauf verteilen.

3. Aus dem Reibekäse, der Vollmilch, der Crème fraîche und den Eiern eine Masse rühren, salzen und pfeffern und über den Fenchel gießen. Etwa 20 Minuten im Ofen goldgelb backen. Mit den eingelegten Tomaten servieren.

Eingelegte Tomaten

1. Die Tomaten waschen, abtrocknen und in feine Streifen schneiden. In einem Dörrautomaten nach Herstellerangabe etwa 3 Stunden trocknen.

2. Die Knoblauchzehe abziehen und fein hacken. Mit dem Olivenöl, dem Thymian und dem Salz verrühren.

3. Die Tomaten in ein Schraubglas schichten und mit dem Dressing beträufeln. Glas zuschrauben, gut durchschütteln und mindestens 5 Stunden durchziehen lassen.

Kürbiskuchen mit Pinienkernen

Für diesen süßlich-herzhaften Kuchen können Sie jeden Kürbis verwenden, auch den einfachen Gartenkürbis.

1. Den Ofen auf 180 °C vorheizen. Die Butter in ein ofenfestes Schälchen geben und im Ofen zerlaufen lassen.

2. Die Pinienkerne auf einem Backblech ausbreiten und einige Minuten anbräunen, dann beiseitestellen. Die Rosinen im Brandy einweichen.

3. Das Mehl in einer großen Rührschüssel mit dem Backpulver, dem braunen Zucker, dem Pimentpulver und der flüssigen Butter mit dem Rührmixer verrühren. Die Schale der Bio-Orange fein abreiben, die Orange auspressen, beides unter den Teig rühren.

4. Das Kürbisfleisch ganz fein hacken. Die Eier verquirlen. Beides mit den Pinienkernen und den Rosinen mit Brandy unter den Teig rühren. Eine Backform einfetten und den Teig hineinfüllen. Etwa 30 Minuten goldbraun durchbacken.

Tipp: Dieser Kuchen schmeckt auch lecker mit einem dicken Überzug aus Frischkäsecreme, Orangenschale und Puderzucker. Wir haben ein bisschen aufs Gewicht geachtet.

Zutaten

Für 1 Kuchen und etwa 16 Stücke

200 g Butter + Butter zum Einfetten
80 g Pinienkerne
50 g Rosinen
2 cl Brandy oder nach Belieben
300 g Mehl
1 Päckchen Backpulver
200 g brauner Zucker
½ TL Pimentpulver
1 Bio-Orange
500 g Kürbisfleisch
4 Eier

Außerdem

Vier- oder rechteckige, mittelgroße Backform

Auberginenpizza mit Schalotten

Zutaten

Für etwa 7 Stück

1 große, längliche Aubergine, Salz, 1 kleine Knoblauchzehe, 3 EL Olivenöl, 3 reife Tomaten, schwarzer Pfeffer aus der Mühle, 4 Schalotten, 150 ml Rotwein, 2 EL Butter, 80 ml aromatische Brühe, 1 EL Rotweinessig

Außerdem

Backpapier

Hier haben sich Auberginen als Pizzaboden »getarnt«.

1. Die Auberginen abwaschen und in Scheiben von 1 cm Breite schneiden. Auf Küchenpapier auslegen, großzügig salzen, 30 Minuten ruhen lassen, kalt abbrausen und trockentupfen. Den Ofen auf 180 °C vorheizen. Die Knoblauchzehe abziehen und ganz fein hacken. 1 EL Öl in einer kleinen Pfanne erhitzen, die Knoblauchzehe bei leichter Hitze glasig dünsten. Die Tomaten waschen, vom Stängelansatz befreien, fein hacken und unterrühren. Aufwallen lassen, dann 15 Minuten ohne Deckel einkochen lassen. Salzen und pfeffern, beiseitestellen.

2. Die Auberginenscheiben auf ein mit Backpapier ausgekleidetes Backblech legen, mit dem restlichen Olivenöl beträufeln und etwa 20 Minuten backen. Sie sollten schon weich sein, aber ihre Form noch behalten. Die Schalotten abziehen und längs in Streifen schneiden. Mit dem Rotwein, der Butter, der Brühe und dem Rotweinessig in einem Topf einmal aufwallen lassen, dann bei mittlerer Hitze etwa 20 Minuten einkochen und salzen. Die fertig gebackenen Auberginenscheiben auf Tellern anrichten und mit den Tomaten und den Rotweinschalotten garnieren.

Blätterteigbirnen mit Gorgonzola

Zutaten

Für 4 Stück

4 reife Birnen, 2 EL mildes Olivenöl, 2 EL Marsala oder nach Belieben, 1 EL flüssiger Honig, 150 g Gorgonzola, 4 quadratische Blätterteigplatten

Außerdem

Backpapier, Kuchengitter

Die Kombination aus Birnen und Käse schmeckt auch warm. Wenn Ihnen der klassische Gorgonzola zu streng schmeckt, können Sie ihn durch den milderen Mascarpone mit Sahne ersetzen.

1. Die Birnen vierteln, entkernen und bei Wunsch schälen. 2 Birnen fein hacken, die anderen beiden Birnen in Streifen schneiden. Den Ofen auf 190 °C vorheizen. Das Olivenöl in einer Pfanne erhitzen. Die Birnenstreifen darin bei leichter Hitze 1 Minute anbraten, dann mit Marsala und Honig ablöschen und einige Minuten köcheln, bis sie weicher sind. Das Kompott zur Seite stellen.

2. Die Birnenstückchen mit dem Gorgonzola verrühren. Auf den Blätterteigplatten mittig verteilen, die Enden zur Mitte hin einschlagen. Die Blätterteigstückchen auf ein mit Backpapier ausgelegtes Backblech legen. Direkt darüber ein Kuchengitter legen, dann geht der Teig nicht so hoch auf. Etwa 18 Minuten goldgelb backen. Dazu das Birnenkompott servieren.

Blumenkohltarte mit Serrano-Schinken

Blumenkohl kann beim Kochen schnell die Küche oder sogar die Wohnung nach Kohl riechen lassen. Wenn Sie eine halbe Bio-Zitrone ins Kochwasser geben, neutralisiert diese den unangenehmen Küchengeruch und Sie können trotzdem diese wundervolle Tarte genießen.

1. Den Blumenkohl in kleine Röschen brechen, kalt abbrausen und in wenig Salzwasser mit der halben Zitrone einmal aufwallen lassen. 5 Minuten köcheln, bis die Röschen etwas weicher sind. Abgießen und beiseitestellen.

2. Den Ofen auf 190 °C vorheizen. Den Blätterteig rund ausschneiden und in die Backform einpassen, mit Backpapier und Backerbsen belegen und 15 Minuten backen, bis der Teig etwas fester wird. Das Backpapier und die Backerbsen entfernen, die Tarte noch einige Minuten backen, bis sie etwas Farbe annimmt. Aus dem Ofen nehmen und beiseitestellen.

3. Die Butter in einem Topf erwärmen, bis sie zerlaufen ist. Das Mehl einstäuben und gleich portionsweise die Milch angießen. Mit dem Schneebesen schlagen, damit sich keine Klumpen bilden. Den Käse unterrühren. Die Sauce vom Herd ziehen, den Serrano-Schinken zerpflücken, die Eier verschlagen und beides unterrühren.

4. Die Blumenkohlröschen auf der vorgebackenen Tarte verteilen, darüber die Käsefüllung gießen und noch mal 20 Minuten auf dem Ofenboden oder der untersten Schiene backen, bis der Boden knusprig und die Füllung fest ist.

Zutaten

Für 1 Tarte und etwa 6 Portionen

1 kleiner Blumenkohl,
Salz, ½ Bio-Zitrone,
1 TK-Blätterteig, 2 EL Butter,
2 EL Mehl, 250 ml Vollmilch,
100 g würziger Reibekäse,
4 dünne Scheiben Serrano-Schinken, 2 Eier

Außerdem

Mittelgroße Spring- oder Tarteform, Backpapier, Backerbsen

Polenta-Pizza mit Gemüse

Zutaten

Für 1 Pizza und etwa 6 Portionen

100 ml Vollmilch
250 g grobes Polentamehl
Salz
4 EL Olivenöl
4 kleine Zucchini
4 reife Tomaten
1 kleine Haushaltszwiebel
Schwarzer Pfeffer
aus der Mühle
150 g Mozzarella
50 g Parmesan

Aus der Schweiz stammt diese Variante der Pizza. Sie wird mit Polentamehl gemacht, das sehr würzig schmeckt. Überbacken wird sie mit Mozzarellakäse. Wenn ich den italienischen Klassiker Mozzarella mit Tomate serviere, achte ich beim Kauf auf Büffelmozzarella. Doch als Belag einer Pizza können Sie getrost den (preiswerteren) Mozzarella aus Kuhmilch verwenden.

1. Die Milch mit 100 ml Wasser in einem größeren Topf erwärmen, bis sie kocht. Das Polentamehl langsam und gleichmäßig einrieseln lassen und mit einem Schneebesen unterrühren, bis es nicht mehr klumpt. Bei Bedarf noch Wasser oder Milch angießen, bis sich ein zähflüssiger Brei gebildet hat. Den Polentabrei leicht salzen, 2 EL Olivenöl unterrühren.

2. Ein Backblech mit dem restlichen Olivenöl einstreichen. Die Polentamasse auf dem Backblech verstreichen (am besten geht das mit einem Löffelrücken, der immer wieder in heißes Wasser getaucht wird). Abgedeckt 2 Stunden kühl stellen.

3. Den Ofen auf 190 °C vorheizen. Die Zucchini putzen, waschen und in feine Scheiben schneiden. Die Tomaten waschen, vom Stielansatz befreien, in Scheiben schneiden. Die Haushaltszwiebel abziehen und in feine Ringe schneiden. Das Gemüse auf dem Polentabrei verteilen, salzen und pfeffern.

4. Den Mozzarella in feine Scheiben schneiden, den Parmesan reiben. Beides gleichmäßig über den Gemüsen verteilen. Die Pizza etwa 20 Minuten goldbraun backen, bis der Käse zerlaufen ist. Warm, bei Zimmertemperatur oder auch kalt (in kleinen Häppchen) servieren.

Knusprige Karotten-Paprika-Tarte

Zutaten

Für 1 Tarte und etwa 6 Portionen

250 g Mandelmehl
2 Stängel Rosmarin
Salz
120 ml Pflanzenöl
2 rote Paprikaschoten
2 mittelgroße Karotten
3 Eier
200 g Sahne
100 g würziger Reibekäse
(z. B. Cantal)
Schwarzer Pfeffer
aus der Mühle

Außerdem

Mittelgroße Tarte-
oder Springform
Ofenfeste Form
Papiertüte
Backpapier, Backerbsen

Eine Tarte mit einem Mandelmehl-Boden schmeckt zu süßer und herzhafter Füllung. Geben Sie für einen süßen Boden einfach etwas feinen Zucker dazu und lassen Sie die Kräuter und das Salz weg.

1. Das Mandelmehl in eine Schüssel geben. Den Rosmarin kalt abbrausen, trockenschütteln, die Nadeln abrebeln, fein hacken und mit einer Prise Salz, dem Pflanzenöl und etwas kaltem Wasser zum Mehl geben und verrühren, bis sich ein (recht krümeliger) Teig bildet. Den Teig in die Tarte- oder Springform pressen, mit einem Löffelrücken glatt drücken und 20 Minuten im Tiefkühlfach fest werden lassen. Er kann abgedeckt auch mehrere Wochen eingefroren werden.

2. Den Ofen auf 180 °C vorheizen. Die Tarte mit Backpapier und Backerbsen auslegen und etwa 20 Minuten blind backen, bis der Teig fest ist. Aus dem Ofen nehmen, Backpapier und Backerbsen entfernen. Den Ofen nicht ausschalten.

3. Die Paprikaschoten in eine ofenfeste Form geben und etwa 30 Minuten backen, bis sie eindunkeln und die äußere dünne Zellophanhaut Blasen wirft. Aus dem Ofen nehmen, in eine Papiertüte geben und etwas abkühlen lassen. Dann die Zellophanhaut abziehen, die Samen entfernen, den Garsud auffangen, die Paprika in Streifen schneiden.

4. Die Karotten schälen und fein reiben. Die Karotten und die Paprikastreifen auf dem vorgebackenen Boden verteilen. Die Eier, die Sahne und den Käse verquirlen, pikant salzen und pfeffern und über das Gemüse gießen. 25 – 35 Minuten goldgelb backen. Die Tarte vor dem Aufschneiden einige Minuten ruhen lassen.

Brokkolimuffins mit Chipotlecreme

Brokkoli ist sehr gesund. Und nicht sehr beliebt. In diesen herzhaften Muffins schmeckt er jedoch prima. Das würzige Aroma der Creme verdankt sie dem geräucherten Chipotle-Chilipulver.

1. Den Ofen auf 190 °C vorheizen. Den Brokkolikopf in kleine Röschen brechen und kalt abbrausen. Die Stängel schälen und ganz fein hacken, beiseitestellen.

2. Den Joghurt mit der Vollmilch und dem Pflanzenöl mit dem Schneebesen in einer Rührschüssel verquirlen. Das Ei unterrühren, den Käse unterrühren. Das Mehl mit dem Backpulver verrühren und mit etwas Salz unterrühren.

3. Den Brokkoli gleichmäßig im Teig verteilen. Den Teig in die Muffinform füllen und etwa 20 Minuten goldbraun backen.

4. Die Crème fraîche mit dem Chipotle-Chilipulver und einer Prise Salz in einem Schüsselchen verrühren. Zu den Brokkolimuffins servieren.

Zutaten

Für 12 Muffins
1 kleiner Brokkoli
350 g Joghurt
60 ml Vollmilch
60 ml Pflanzenöl
1 Ei
80 g geriebener, mittelalter Gouda oder anderer würziger Reibekäse
250 g Mehl
1 EL Backpulver
Salz
150 g Crème fraîche
½ TL Chipotle-Chilipulver

Außerdem
Muffinform

Grüne Blättchen auf Crostini

Zutaten

Für etwa 12 Crostini

1 Baguette, 1 Handvoll knackige, hellgrüne Radieschenblätter, 1 kleine Handvoll kleiner Rote-Bete-Blätter, 2 EL Olivenöl, Salz, schwarzer Pfeffer aus der Mühle, 200 g Mozzarella

Die Blätter von Radieschen und Roter Bete schmecken würzig und sind sehr gesund. Hier haben wir sie zum partytauglichen Fingerfood gemacht.

1. Den Ofen auf 190 °C vorheizen. Das Baguette diagonal in etwa 12 Scheiben aufschneiden und auf ein Backblech legen. Die Blätter kalt abbrausen und trockenschütteln. Die Hälfte der Blätter in feine Streifen schneiden, den Rest mit dem Pürierstab und dem Olivenöl zu einer glatten Paste pürieren. Salzen und pfeffern. Die Paste auf den Brotscheiben verstreichen. Den Mozzarella in Scheiben schneiden und darüberlegen. Salzen und pfeffern. Etwa 5 Minuten im Ofen backen, bis der Käse zerlaufen ist. Mit den restlichen Blättchen garnieren und servieren.

Englischer Mushroom Pie

Zutaten

Für 1 Pie und etwa 4 Portionen

200 g Mehl + Mehl für die Arbeitsfläche, 120 g Butter, 2 Eier, 3 EL Pflanzenöl, 2 Lauchstangen, 200 g Pilze nach Belieben, Salz und schwarzer Pfeffer aus der Mühle, 1 EL Mehl, 500 ml erwärmte Hühnerbrühe, 1 kleines Bund Petersilie

Außerdem

Mittelgroße Pie- oder Auflaufform

In diesen gar nicht süßen Pie kommen traditionell neben Pilzen auch saftige Stücke vom Hühnchen. Das hier ist eine vegetarische Variante mit Lauch.

1. Das Mehl mit 100 g Butter, 1 Ei und 2 EL eiskaltem Wasser in der Küchenmaschine oder mit den Fingern auf einer bemehlten Arbeitsfläche zu einem Teig verkneten. In Frischhaltefolie wickeln und im Kühlschrank 30 Minuten ruhen lassen.

2. Den Ofen auf 200 °C vorheizen. Das Pflanzenöl in einer Pfanne erhitzen. Den Lauch putzen, in feine Ringe schneiden, kalt abbrausen und trockentupfen. Einige Minuten im Öl anschwitzen. Die Pilze putzen, fein schneiden und unterrühren. Noch einige Minuten garen, pikant salzen und pfeffern, beiseitestellen. In einem Topf die restliche Butter zerlassen. Das Mehl unterrühren. Die Hühnerbrühe portionsweise angießen und mit dem Schneebesen unterrühren. So lange rühren, bis die Flüssigkeit etwas eindickt.

3. Die Petersilie kalt abbrausen, trockenschütteln, fein hacken und unter das Gemüse rühren. Die Zutaten unter die eingedickte Brühe rühren. Diese Füllung in die Pieform löffeln. Den Teig passend als Deckel ausrollen, darüberlegen. Das zweite Ei verquirlen und über dem Teig verstreichen. Mit einem scharfen Messer mehrere Luftschlitze in den Teig schneiden. Etwa 35 Minuten goldgelb backen.

Kuchen mit Fenchel und Kräutern

Mit salzigem Mürbeteig und einer pikanten Füllung ist dieser würzige Kuchen gemacht. Besonders dekorativ sieht er in einer quadratischen Form aus.

1. Für den Teig das Mehl mit dem Salz in eine Schüssel sieben. 100 g Butter mit einer groben Gemüsereibe dazureiben. 2 EL kaltes Wasser angießen. Zutaten mit den Fingern zu einem Mürbeteig reiben; wenn er noch nicht zusammenhält, etwas mehr kaltes Wasser angießen und weiter kneten. In Frischhaltefolie wickeln und im Kühlschrank mindestens 1 Stunde ruhen lassen. Dann auf einer bemehlten Arbeitsfläche passend für die Form ausrollen und in die Form einpassen.

2. Den Ofen auf 180 °C vorheizen. Den Teig mit Backpapier und Backerbsen belegen und 20 Minuten blind backen, bis er fest ist. Dann aus dem Ofen nehmen; Ofen noch nicht ausschalten. Backpapier und Backerbsen entfernen.

3. Die Fenchelknollen putzen, vom harten Kern befreien, in feine Streifen schneiden. Die restliche Butter in einer Pfanne erwärmen, die Fenchelstreifen darin bei leichter Hitze 5 Minuten garen.

4. Die Champignons putzen, in feine Streifen schneiden. Die Dillspitzen abzupfen und hacken. Den Schnittlauch kalt abbrausen, trockenschütteln und in feine Röllchen schneiden.

5. Die Eier mit der Crème fraîche und der Vollmilch verrühren. Die Kräuter unterrühren, pikant salzen und pfeffern. Mit dem Fenchel und den Pilzen den Boden auslegen. Die Eiermasse angießen. Noch 25 Minuten backen, bis die Masse gestockt ist und Farbe angenommen hat.

Zutaten

Für 1 Kuchen und etwa 8 Portionen

200 g Mehl + Mehl für die Arbeitsfläche, 1 Prise Salz, 120 g Butter, 2 Fenchelknollen, 250 g Champignons, 10 Stängel Dill, 1 kleines Bund Schnittlauch, 4 Eier, 250 g Crème fraîche, 200 ml Vollmilch, Salz, schwarzer Pfeffer aus der Mühle

Außerdem

Viereckige Backform oder mittelgroße Springform, Backpapier, Backerbsen

Parmesankuchen mit Paprikaschoten

Zutaten

Für 1 Kuchen und etwa 10 Portionen

2 rote Paprikaschoten
(oder 3 Spitzpaprika)
4 Eier
250 ml Vollmilch
100 g Parmesan
2 EL Olivenöl
120 g Mehl
2 TL Backpulver
½ TL Salz

Außerdem

Auflaufform
Papiertüte
Mittelgroße
Kastenbackform

Wenn Paprikaschoten im Ofen gebacken werden, sind sie hinterher leichter verdaulich, weil sich die dünne, durchsichtige Zellophanhaut abziehen lässt. Und sie bekommen ein interessantes Raucharoma, das diesem Kuchen mit Parmesan eine feine Note gibt.

1. Den Ofen auf 180 °C vorheizen. Die Paprikaschoten in eine Auflaufform legen und etwa 30 Minuten backen, bis sie gebräunt sind. Die Paprikaschoten aus dem Ofen nehmen und in eine Papiertüte legen, bis sie etwas abgekühlt sind. Den Ofen in der Zwischenzeit nicht ausschalten.

2. Die durchsichtige Haut der Paprika abziehen, die Samen entfernen, den ausgetretenen Sud auffangen. Die Paprika in feine Streifen schneiden.

3. Die Eier in einer großen Rührschüssel mit der Vollmilch verquirlen. Den Parmesan reiben und mit dem Olivenöl unterrühren. Die Paprikastreifen zusammen mit dem Sud unterrühren.

4. Das Mehl mit dem Backpulver und dem Salz in die flüssige Masse sieben und sorgfältig unterrühren. Den Teig in eine eingefettete Kastenbackform füllen und etwa 30 Minuten goldgelb backen.

Französische Kürbistarte

Zutaten

Für 1 Tarte und etwa 8 Portionen

Für den Teig

150 g Mehl
1 Prise Salz
3 EL feinster Zucker
80 g eiskalte Butterflocken

Für die Füllung

500 g Kürbisfleisch nach Belieben
100 g brauner Zucker
1 Ei
200 g Konditorsahne
1 Prise Nelkenpulver oder Zimt oder nach Belieben

Außerdem

Mittelgroße Tarte- oder Springform
Backpapier, Backerbsen

Der Klassiker aus Frankreich: nicht so süß, eher ein Mittelding zwischen pikant und süß. Fein als Nachtisch zu einem Digestif und ziemlich raffiniert. Auch der Mürbeteig ist französisch und heißt Pâte brisée.

1. Für den Teig alle Zutaten in der Küchenmaschine oder im Standmixer mit 80 ml Eiswasser zu einem krümeligen Teig verarbeiten. In Frischhaltefolie wickeln und passend für die Backform ausrollen. In die Backform einpassen, dabei einen Rand von 2 – 3 cm Höhe formen. Im Kühlschrank 1 Stunde ruhen lassen.

2. Den Ofen auf 200 °C vorheizen. Den Teig mit Backpapier und Backerbsen abdecken. 15 Minuten backen, bis er nicht mehr feucht ist. Auskühlen lassen, den Ofen jedoch nicht ausschalten. Backpapier und Backerbsen entfernen.

3. Für die Füllung das Kürbisfleisch hacken und mit den restlichen Zutaten in der Küchenmaschine oder im Standmixer pürieren. Das Püree in die abgekühlte Tarteform einfüllen und nochmals etwa 30 Minuten backen, bis die Füllung nicht mehr weich ist.

Winterwelt –
let it snow, let it snow ...

Während draußen stürmische Winde tosen und Schneeflocken niedergehen, soll es drinnen gemütlich sein. Vom Sommer haben wir noch duftenden Lavendel, Einge-kochtes oder einen selbst angesetzten Rumtopf. Die machen Kuchen und Kekse saftig und lecker. Der wirkliche Star des Winters sind jedoch Gemüse.

So richtig gemütlich

Nein, auf den ersten Blick ist ein winterlicher Gang durch den Garten keine Inspiration. Bestenfalls ist das, was an Sträuchern und Stauden noch steht, von einem zarten Reif überzogen. Doch meist ist der Garten zum Stillstand gekommen. Die Natur braucht ihre Ruhephasen und inspiriert uns dazu, es ihr gleichzutun. Ganz besonders der Dezember gilt als ein Monat, wo wir auftanken, uns besinnen und Zeit für andere finden.

Deshalb sind in diesem Kapitel Rezepte vereint, die sich für ein Zusammenkommen mit Familie und Freunden bestens eignen. Denn wer freut sich nicht über eine Einladung zur selbst gemachten Pizza, vielleicht mit selbst gemachtem Basilikumöl, vielleicht mit eingelegten Zucchini zu Haselnüssen oder einfach nur mit viel grünem Gemüse.

Mit herzhaften Gemüsen wie Sellerie, Brokkoli oder Chicorée hilft der Winter ganz natürlich über Durststrecken hinweg. Diese Gemüse haben Vitamine und Mineralstoffe, die der Körper braucht. Ein besonderer Wintertipp ist die Pastinake, eigentlich ein schlichtes Wurzelgemüse, das bei längerer Lagerung eine natürliche Süße bekommt und sich dann sogar süß verbacken lässt. Andersherum, nämlich von fruchtig auf pikant, können Sie aus Äpfeln – einige Sorten davon lassen sich auf die altmodische Art einlagern – herzhafte Käseküchlein zaubern. Doch auch echte Schleckermäulchen kommen – bei krümeligen Keksen und saftigen Kuchen – auf ihre Kosten.

❀ Apfel

Ein knackiger, frischer Apfel schmeckt lecker. Aber Äpfel lassen sich ähnlich wie Kartoffeln gut lagern. Die spät reifenden Sorten, die im Oktober oder November zu ernten sind, eignen sich dafür am besten, und kleinere Äpfel können besser gelagert werden als große. Bewahren Sie sie in einer Pappkiste auf, die mit Plastikfolie ausgelegt wurde, oder verwenden Sie spezielle Plastikbeutel für Gemüse. Diese lassen sich zwar verschließen, sind aber perforiert, damit die Luftzirkulation klappt. Im Keller oder in der Garage bzw. an einem vergleichbaren kühlen Ort halten die Äpfel am besten. Und auch die anderen Obst- und Gemüsesorten sind für diese Art der Apfel-Quarantäne dankbar, denn sie gammeln im Beisein von Äpfeln schnell (Karotten, das behauptete jedenfalls meine Großmutter, werden sogar bitter, fast ungenießbar). Ernten Sie sie mit Stiel, legen Sie sie mit dem Stiel nach oben nebeneinander und trennen Sie Lagen durch eine dickere Schicht Zeitungspapier. Denn was Äpfel gar nicht schätzen, ist, wenn Druck auf sie ausgeübt wird. Auch Frost mögen sie nicht gerne.
Die Sorten Boskop, Braeburn, Elstar und die relativ neue Züchtung Pink Lady eignen sich neben dem Klassiker aus dem amerikanischen Raum, dem Idared, am besten zum Lagern. Alternativ können Sie Äpfel natürlich trocknen (im Dörrautomaten oder bei Niedrighitze im Backofen).

✳ Brokkoli

Brokkoli ist gesund, da sind sich Ernährungswissenschaftler einig. Mitten im Winter, wenn Vitamine Mangelware sind, liefert er Vitamin C, und zwar in höherer Dosierung als Zitronen. Auch sein Gehalt an Vitamin A, an Eisen, Kalzium und Vitamin B_2 – umgangssprachlich Wachstumsvitamin – ist vorbildlich. Sein etwas kohliger Geschmack (Kohl ist ein naher Verwandter) lässt sich durch einige Spritzer Zitronensaft im Kochwasser oder ein zitronenfrisches Dressing oder Sauce wunderbar ausbalancieren. Auch Knoblauch oder andere herzhafte Aromen verträgt Brokkoli gut. Die Stängel können faserig sein, dann am besten schälen und nur den inneren Teil verwenden. Er hält sich als ganzer Strunk (und ungewaschen) mehrere Tage in der Gemüsebox im Kühlschrank, am besten in einer luftdicht verschlossenen Plastiktüte für Gemüse.

✳ Brunnenkresse

Brunnenkresse braucht, wie ihr Name schon sagt, sauberes, frisches Wasser. Sie gehört in die Senffamilie und hat ein entsprechend pikantes Aroma, passt prima in Salate, in Suppen und verliert auch beim Backen nur wenig Aroma (im Gegensatz zur Rauke aus der gleichen Familie). Am besten bewahrt man sie in einem Wasserglas auf, über das eine Plastiktüte gezogen wird. Wenn die Wurzeln oder Stängel im Wasser stehen, hält sie mehrere Tage. Im angelsächsischen Raum ist Brunnenkresse so verbreitet wie hier Petersilie und mindestens genauso gesund. Sie hat mehr Vitamin C als Orangen und wesentlich mehr Provitamin A als Tomaten und Äpfel – Letzteres ist besonders für Raucher interessant, die sehr schnell unter dieser Art Vitaminmangel leiden können.

✳ Grüngemüse

Das Grün von Roter Bete, von Kohlrabi, von Radieschen oder Brokkoli einfach wegzuwerfen, das würde anderen Kulturen nicht einfallen. Zwischen Indien und New York weiß man sehr genau, wie viel Aroma und gute Inhaltsstoffe es in diesen Blättern gibt, die es beim Kauf bzw. bei der Ernte quasi umsonst dazu gibt. In der vitaminarmen Winterzeit macht sie ihr Vitamingehalt zu einem interessanten Lebensmittel. Die Vitamine A und C in großen Mengen finden sich beispielsweise in Romana-Salat, Mangold und Spinat. Nach neuesten Untersuchungen kann ein regelmäßiger Verzehr von Grüngemüse auch vorbeugend gegen Darmerkrankungen wirken.

Verwenden Sie nur knackig-frische Blätter, die ihre appetitlich grüne Farbe noch nicht verloren haben. Daran erkennen Sie überdies, wie frisch das Gemüse ist. Die Blätter werden gewaschen und brauchen nur eine kurze Garzeit. Man kann mit ihnen ähnlich wie mit Spinat backen, sie behalten aber durchaus ein würzigeres Aroma. Grüngemüse hält im Gemüsefach des Kühlschranks 1 – 2 Tage.

❀ Pastinake

Pastinaken und Karotten sind eng verwandt – wie eng, sieht man schon an der Optik. Und auch hinsichtlich der Wandelbarkeit sind beide Wurzeln vergleichbar. Sie können als Püree oder als feines Süppchen verarbeitet werden, gedünstet oder gebacken werden. Sehr große Pastinaken sind übrigens meist holzig. Im Herbst ist sie ein klassisches, altmodisches Gemüse mit einem mineralischen und durchaus an Herbstlaub erinnernden, pikanten Geschmack. Mit dem ersten Frost und längerer Lagerung verwandelt sich die Stärke in den Wurzeln in Zucker. Dann wird die Pastinake zwar nicht quietschesüß, bekommt aber eine angenehme Süße, die gut in Backwerk passt, das nicht zu süß werden soll. Pastinaken halten sich im Gemüsefach mindestens eine Woche. Anders als bei der Karotte sollte das Pastinakengrün aber erst direkt vor dem Verarbeiten – als Suppe, in den Eintopf, als Gemüsecreme – entfernt werden.

✳ Chicorée

Schneeweiß mit gelben oder rötlichen, gefransten Spitzen ist der Chicorée nicht nur ein eleganter Hingucker. Sein etwas bitterer Geschmack passt prima zu den Salaten, die uns im Winter schmecken, obwohl man ihn – gedämpft oder in einem Speckmantel ausgebraten – auch prima als Gemüse oder Beilage genießen kann. Chicorée ist äußerst vitaminreich (Vitamine A, B, C und E) und enthält viel Kalzium. Außerdem stecken in Chicorée Kupfer, Folsäure, Eisen und Ballaststoffe.

Wenn Sie ihn roh genießen wollen, entfernen Sie vorher den meist etwas zu bitteren kleinen Kern im Inneren. Eingewickelt in feuchtes Küchenpapier oder ein befeuchtetes Küchentuch, hält er sich im Gemüsefach des Kühlschranks einen, maximal zwei Tage.

❀ Pilze

Pilze sind Alleskönner. Schon die alten Römer haben sie kultiviert. Über die Zeit haben sich mehrere Tausend Sorten entwickelt. Ein besonderer Luxus sind Wildpilze. Der teuerste Pilz, der Trüffel, lässt sich bis heute nicht züchten, sondern muss mit der berühmten Trüffelnase gefunden werden. Neben dem Trüffel kann man nur noch den Champignon roh essen. Alle anderen Pilze wie z. B. der Flockenstielige Hexen-Röhrling (s. Bild) sind roh schwer verdaulich und müssen gegart oder geschmort werden. Dann sind sie eine ideale Beilage, passen in eine Suppe, in Füllungen und natürlich in Backwerk. Pilze lassen sich wunderbar lagern, wenn sie vorher sachgerecht getrocknet wurden. Ein Dörrautomat ist am einfachsten, aber auch das Trocknen in einem Backofen bei Niedrighitze klappt gut.

✳ Radicchio

Zwei Standardsorten gibt es, den runden, burgunderroten Radicchio und den schmal zulaufenden, mit roten Tupfen gesprenkelten, beigefarbenen Radicchio aus Treviso. Ihr leichter Bittergeschmack kommt beim Schmoren, beispielsweise in einem Speckmantel, gut zur Geltung, aber Radicchio schmeckt ebenso gut zu Risotto und Käse, überdies auch als Salat.
Radicchio hält mindestens eine Woche im Gemüsefach des Kühlschranks, am besten eingepackt in eine Plastiktüte für Gemüse. Beide Sorten haben einen überdurchschnittlichen Mineral- und Vitamingehalt, und der rote Radicchio besitzt überdies viele Antioxidantien.
Toll und ganz einfach gemacht: Wickeln Sie aromatischen Brie als Häppchen in roten Radicchio.

❀ Schalotte

Schalotten können genauso wie Zwiebeln verwendet werden, haben jedoch ein milderes Aroma und lassen beim Schälen und Hacken auch nicht die Augen tränen. Sie passen fein gehackt in Saucen oder Salate, schmecken geschmort, beispielsweise mit Thymianstängel und Rosinen, und geben feinen Eintöpfen wie der französischen Daube (ein Ragout mit Fleisch) Aroma. Dunkel und trocken gelagert, halten sie mindestens einen Monat.

✳ Sellerie

Die Sellerieknolle gehört zu den Gemüsen, die von der neuen deutschen Küche wiederentdeckt wurden. Über mehrere Generationen kam Sellerie nämlich nur als Nachkriegskost auf den Tisch, als paniertes Schnitzel, als Rohkost und rundherum zum Abgewöhnen. Wer auf sein Gewicht achten will, für den ist Sellerie ein guter Kartoffelersatz mit höchstens einem Drittel der Kalorien und viel mehr Aroma. Außerdem hat die Sellerieknolle gesunde Ballaststoffe, viel Vitamin C und K, das die Knochen stärkt und wichtig für die Blutgerinnung ist. Außerdem enthält diese recht unscheinbar aussehende Riesenknolle viele gesunde Mineralstoffe.

Dabei passt das interessant-mineralische Aroma von Sellerie zu vielen Gerichten, beispielsweise als Püree zu Wild oder Schweinefleisch oder als Grundzutat in der französischen Version unseres Selleriesalats, roh, hauchdünn geraspelt, mit Zitronensaft mariniert und mit selbst gemachter Kräutermayonnaise aromatisiert. Sellerie hält sich bis zu zwei Wochen im Gemüsefach des Kühlschranks.

Tröpfchentorte mit Reineclaudenfrucht

Zutaten

Für 1 Torte und etwa 12 Portionen

Für die Reineclaudenmarmelade
1 kg Reineclauden
300 g Gelierzucker 1:3
1 Päckchen Vanillezucker
1 EL Butter

Für den Boden
80 g Butter + Butter zum Einfetten
80 g feinster Zucker
1 Ei
200 g Mehl
1 TL Backpulver

Für den Belag
3 Eier
750 g Magerquark
200 g Zucker
1 ½ Päckchen Sahnepudding
1 Bio-Zitrone
250 ml geschmacksneutrales Pflanzenöl
500 ml Milch
300 g Reineclaudenmarmelade

Außerdem
Mittelgroße Springform

Ob man lieber die etwas größeren Reineclauden (auch: Renekloden) oder die kleineren, gelben Mirabellen mag, ist letztendlich Geschmackssache. Je nach Sorte lassen sie sich leichter entsteinen und schmecken als eingemachtes Obst mit wenig Zuckeranteil fein.

1. Für den Boden die Butter mit dem Zucker mit dem Rührmixer in einer Schüssel schaumig schlagen. Das Ei unterrühren und gut verschlagen. Das Mehl mit dem Backpulver verrühren und einsieben. Nur noch bei kleiner Geschwindigkeit verrühren.

2. Eine Springform einbuttern. Den Teig einfüllen und an den Seiten einen Rand bis ganz nach oben ziehen. Den Ofen auf 200 °C vorheizen.

3. Für den Belag die Eier trennen. Das Eiweiß mit der Hälfte des Zuckers in einer sauberen Rührschüssel mit einem sauberen Rührmixer steif schlagen und zur Seite stellen. Die Eigelbe mit dem Magerquark, dem restlichen Zucker und dem Sahnepudding verrühren. Die Schale der Zitrone fein abziehen; den Abrieb mit dem Pflanzenöl und der Milch unterrühren.

4. Den Teigboden mit Reineclaudenmarmelade bestreichen. Die Flüssigkeit hineinfüllen. 40 Minuten backen, dann das geschlagene Eiweiß darüber verstreichen. Mit einer Gabel gleichmäßig und eng einstechen (dann bilden sich die Tröpfchen). Torte noch 20 Minuten backen. Vor dem Servieren gut auskühlen lassen.

Reineclaudenmarmelade

Das Obst waschen und mit Gelier- sowie Vanillezucker und 150 ml Wasser in einem Topf einmal aufwallen lassen, dann etwa 30 Minuten köcheln. Die Butter zugeben. Nochmals 10 Minuten bei höherer Hitze köcheln, dann sollten die Kerne hochgestiegen sein, alternativ mit einer Zange herausfischen. In sterilisierte Schraubgläser abfüllen, auf dem Kopf stehend abkühlen lassen und in der Tiefkühltruhe oder im Tiefkühlfach aufbewahren.

Lavendelkekse

Zutaten

Für etwa 20 Kekse

100 g zimmerwarme Butter
50 g feinster Zucker
50 g Speisestärke
100 g Mehl
1 EL Lavendel oder
nach Belieben

Außerdem

Ggf. Teigschneider
Backpapier
Kuchengitter

Diese Kekse stammen aus Schottland und erinnern an Shortbread-Kekse. Am schönsten sehen sie als kleine Finger oder Fächer aus, aber ganz fix und einfach geht's als Rolle, von der Sie dann einfach nur die Teigscheiben abschneiden.

1. Den Ofen auf 180 °C vorheizen. Die Butter mit dem Zucker in einer Rührschüssel cremig rühren. Die Speisestärke und das Mehl verrühren und unterziehen. Der Teig ist nun recht fest. Teig in Frischhaltefolie wickeln und 15 Minuten durchkühlen lassen. Wenn Sie runde Kekse machen wollen, rollen Sie den Teig auf die gewünschte Breite.
Inzwischen den Lavendel ganz fein hacken.

2. Den Teig 0,5 cm dick ausrollen und nach Wunsch zurechtschneiden. Besonders schön sieht das mit einem Teigschneider aus. Wenn Sie runde Kekse herstellen möchten, schneiden Sie den Teig einfach auf wie eine Wurst. Entfernen Sie die Frischhaltefolie erst nach dem Schneiden.

3. Ein Backblech mit Backpapier auslegen, die Kekse darauflegen, mit Lavendel bestreuen und etwa 15 Minuten goldgelb backen. Auf einem Kuchengitter auskühlen lassen, dann werden sie etwas fester.

Tipp: Zitrone und Lavendel ergänzen sich gut. Wenn Sie mögen, können Sie die Kekse auch noch mit etwas Zitronenabrieb (1 EL) aromatisieren.

Kuchen mit marinierten Pflaumen

Besonders aromatisch schmeckt dieser ganz einfache Kuchen mit Pflaumen aus dem Rumtopf. Traditionell gehört in einen Rumtopf gemischtes Obst, das saisonal auf bereits eingelegtes Obst aufgelegt wird. Mir gefällt das nicht so. Ich mache den Rumtopf entweder nur mit entsteinten Sauerkirschen, die ich im Sommer einlege und im Herbst »ernte«. Oder mit Pflaumen wie hier. Achten Sie unbedingt darauf, dass Sie nur erntereife, aber nicht überreife Pflaumen ohne Druckstellen verwenden. Der Rumtopf peppt Joghurtdesserts auf und passt auch gut zu Weichkäse.

1. Für den Rumtopf die Pflaumen waschen, halbieren, entsteinen und mit den restlichen Zutaten in einem verschließbaren Topf im Dunkeln mehrere Monate stehen lassen.

2. Den Ofen auf 180 °C vorheizen. Für den Kuchen die Butter mit dem Zucker mit dem Rührmixer in einer Schüssel cremig rühren. Die Eier nacheinander unterrühren und so lange weiterschlagen, bis die Masse deutlich aufhellt und schaumig wird.

3. Das Mehl mit dem Backpulver verrühren und vorsichtig unterziehen, dann nicht zu lange schlagen, bis es gleichmäßig verteilt ist. Den Frischkäse und die Pflaumen mit 4 EL Rumtopf-Flüssigkeit unterrühren.

4. Die Backform mit Backpapier auslegen. Den Teig einfüllen. Etwa 45 Minuten backen, bis der Kuchen goldgelb gar gebacken ist.

Zutaten

Für 1 Kuchen und
etwa 8 Portionen

Für den Kuchen
180 g Butter + Butter
zum Einfetten
150 g Zucker
4 Eier
250 g Mehl
1 Päckchen Backpulver
175 g Frischkäse
(kein Light-Produkt)
400 g Rumtopf-Pflaumen

Für die Rumtopf-Pflaumen
1 kg einwandfreie, reife
Pflaumen oder Zwetschgen
500 g feinster Zucker
0,7 l Rum

Außerdem
Verschließbarer Topf
Rechteckige Backform
(etwa 35 × 24 cm)

Brombeerkrümelkekse

Diese Kekse sehen handgemacht und schön altmodisch aus, und das ist auch die Absicht. Sie schmecken fruchtig, nicht zu süß und sind im Winter ein kleiner Vitaminspender aus Brombeermarmelade, die mit wenig Zucker im Hochsommer eingekocht wurde.

1. Die Butter und den Zucker mit dem Rührmixer in einer Schüssel schaumig schlagen. Die Eier nacheinander unterrühren und so lange schlagen, bis sich die Masse aufhellt. Das Mehl mit dem Backpulver und dem Zimt verrühren und untersieben. Den Teig in Frischhaltefolie wickeln und mindestens 1 Stunde ruhen lassen.

2. Den Ofen auf 150 °C vorheizen. Den Teig auf einer bemehlten Arbeitsfläche relativ dünn ausrollen und mit einem Cookieausstecher Runde ausstechen: Die eine Hälfte zu Kreisen, die andere zu Ringen ausstechen.

3. Die Kreise mit der Brombeermarmelade bestreichen, die Ringe darüber fest andrücken.

4. Die Kekse 5 – 8 Minuten goldgelb und knusprig backen. Abkühlen lassen, dann nach Belieben mit Puderzucker bestäuben.

Brombeermarmelade

Die Brombeeren verlesen und waschen. In einen Topf geben und mit dem Pürierstab zerkleinern. Den Zucker unterrühren. Bei mittlerer Hitze erwärmen, bis das Obstmus Blasen wirft. Eine Gelierprobe machen, dann in sterilisierte Gläser abfüllen.

Zutaten

Für etwa 30 Kekse

Für die Kekse
150 g Butter
100 g Zucker
2 Eier
300 g Mehl + Mehl
für die Arbeitsfläche
1 TL Backpulver
1 Prise Zimt
100 g Brombeermarmelade
2 EL Puderzucker oder
nach Belieben

Für die Brombeer-marmelade
500 g Brombeeren
250 g Gelierzucker 1 : 2

Außerdem
Cookieausstecher
Kreise und Ringe

Apfelscones mit Käsefüllung

Zutaten

Für etwa 8 Stück

1 großer Apfel
60 g Butter
1 TL brauner Zucker
200 g Mehl + Mehl für
die Arbeitsfläche
1 EL Backpulver
½ TL Natron
120 ml Buttermilch
50 g geriebener Käse
nach Belieben

Außerdem

Mittelgroßer Servierring
zum Ausstechen
(alternativ Glas mit
mittelgroßem Rand)
Backpapier

Für diese Scones brauchen Sie keine spezielle Backform. Sie sollen ganz bewusst nicht so akkurat aussehen. Dafür glänzen sie mit karamellisierten Apfelstückchen im Inneren.

1. Den Ofen auf 180 °C vorheizen. Den Apfel halbieren, entkernen und grob würfeln. 1 TL Butter in einer kleinen Pfanne zerlassen. Die Apfelstücke in die Butter geben, mit Zucker bestreuen und bei leichter Hitze etwa 8 Minuten karamellisieren lassen.

2. Die restlichen Zutaten mit einem Rührmixer in einer Rührschüssel verrühren. Dann die Apfelstückchen unterziehen.

3. Den Teig auf einer bemehlten Arbeitsfläche etwa 1,5 cm hoch ausstreichen und mit einem Servierring oder Glasrand Runde ausstechen. Auf ein mit Backpapier ausgelegtes Backblech legen und etwa 20 Minuten goldbraun backen.

Pizza mit eingelegten Zucchini und Blauschimmelkäse

Zutaten

Für 2 Pizzen und 4 Portionen

Für den Teig
500 g Mehl
½ TL Trockenhefe
1 EL Olivenöl
1 EL grobes Meersalz

Für die eingelegten Zucchini
1 kg Zucchini
2 Knoblauchzehen
100 ml Olivenöl
2 Stängel Rosmarin
Salz und schwarzer Pfeffer aus der Mühle
3 – 4 EL Balsamicoessig

Für den Belag
400 g Dosentomaten
1 Haushaltszwiebel
3 EL Butter
3 Frühlingszwiebeln
4 – 5 EL selbst eingelegte Zucchini
150 g Blauschimmelkäse
4 EL grob gemahlene Haselnüsse

Außerdem
Backpapier

Wenn es schnell gehen soll, ist gegen einen fertigen Pizzateig aus dem Kühlfach nichts einzuwenden. Das Einzige, was Sie für einen selbst gemachten Pizzateig brauchen, ist Zeit. Aber nicht Ihre eigene. Er muss nur wesentlich länger gehen als ein süßer Hefeteig. Wenn Sie also vorausplanen können, probieren Sie mal diesen Teig. Die Zucchini holen Sie einfach aus dem Vorratsschrank. Und wenn Sie auf den Geschmack gekommen sind, haben Sie sogar die Tomaten schon selbst eingemacht (s. das Rezept für Fenchel-Käse-Pie mit selbst eingelegten Tomaten auf S. 116). Andernfalls tun's Dosentomaten.

1. Idealerweise am Abend vorher (sonst gleich in der Früh) 200 g Mehl mit 200 ml lauwarmem Wasser und der Hefe in einer Rührschüssel verrühren. Mit einem sauberen Geschirrtuch abgedeckt über Nacht an einem warmen Ort gehen lassen – das ist Ihr »Starter«.

2. Die Zucchini waschen, Enden abschneiden, größere Zucchini in der Mitte halbieren. Sie sollten am Schluss etwa 7 cm lange Streifen haben. Die Zucchini längs hauchdünn in Streifen schneiden. Die Knoblauchzehen abziehen, hauchfein hacken. Das Olivenöl in einer Pfanne erhitzen. Die Knoblauchzehen darin bei leichter Hitze 3 Minuten garen, dann die Zucchinistreifen zugeben und unter häufigem Rühren anbräunen. Die Rosmarinstängel kalt abbrausen, trockenschütteln, Blättchen abrebeln, fein hacken, mit Salz und Pfeffer unterrühren, alles gut durchrühren, dann mit Balsamicoessig ablöschen und einköcheln lassen. In sterilisierte Gläser umfüllen und im Kühlschrank aufbewahren.

3. Am nächsten Tag oder nach mindestens 5 Stunden den Starter in eine Küchenmaschine geben, portionsweise das restliche Mehl anschütten und den Teig mit dem Teigkneter kneten, bis er nicht mehr klebt und eine glatte Oberfläche hat. Das Öl angießen, das Salz einstreuen und noch kurz einarbeiten. Teig mit einem Geschirrtuch abdecken und an einem warmen Ort etwa 4 Stunden auf das Dreifache gehen lassen.

4. Für den Belag die Dosentomaten in einen Topf geben, leicht zerdrücken. Die Haushaltszwiebel abziehen, halbieren und mit der Butter dazugeben. Einmal aufwallen lassen, dann abgedeckt bei leichter Hitze 30 Minuten köcheln, bis die Zwiebel weich ist. Salzen. Weiter einköcheln, bis eine streichfähige Paste entstanden ist. Mit dem Pürierstab musen.

5. Den Ofen auf 250 °C (oder die höchste Stufe) vorheizen. Den Teig halbieren, auf Backpapier legen und ausrollen. Den Rand mit den Händen aufrollen. Die Pizza muss kein perfektes Rund sein, sondern kann ruhig ein bisschen uneben aussehen.

6. Die Frühlingszwiebeln putzen. Nur das Weiße verwenden und in Röllchen schneiden. Die Tomatensauce auf den Pizzen verstreichen, darüber die Frühlingszwiebeln streuen und die Zucchini verteilen. Den Käse zerbröckeln und mit den Haselnüssen darüberstreuen. Pizzen auf dem Backpapier etwa 15 Minuten knusprig backen, bis der Käse zerlaufen ist.

Pizza mit gegrillten Paprikaschoten und Basilikumöl

Mit dem gleichen Teig wie beim Rezept auf der linken Seite können Sie diese Pizza zubereiten. Die Paprikaschoten und die Tomaten kommen wie das Basilikum sicherlich aus Ihrem heimischen Garten.

1. Den Ofen auf 180 °C vorheizen. Die Paprikaschoten in eine Auflaufform legen und etwa 30 Minuten rösten, bis die Haut eindunkelt und aufplatzt. Aus dem Ofen nehmen. Die Hitze auf 200 °C erhöhen.

2. Für das Tomatenpüree die Tomaten waschen, vom Stielende befreien. Die Knoblauchzehe abziehen. Beides mit dem Pürierstab oder im Standmixer fein pürieren, pikant salzen und pfeffern. Beiseitestellen.

3. Die durchsichtige Zellophanhaut der Paprikaschoten abziehen, die Paprikaschoten längs halbieren, die Samen entfernen, den austretenden Saft auffangen. Die Paprikaschoten in Streifen schneiden.

4. Für das Basilikumöl das Basilikum waschen und trockenschütteln. Die Stängel und die Hälfte der Blätter zusammen mit dem Olivenöl mit dem Pürierstab fein pürieren, salzen und pfeffern und durch ein Haarsieb abseihen. Den Mozzarella in Scheiben schneiden.

5. Den Teig wie auf S. 150 zubereiten und auf ein mit Backpapier ausgelegtes Backblech legen. Den Teigboden mit Tomatenpüree bestreichen, darüber die Paprikastreifen verteilen, dazwischen die Basilkumblätter stecken und darüber die Mozzarellascheiben anrichten. Mit Basilikumöl beträufeln und etwa 15 Minuten backen, bis der Käse geschmolzen ist.

Zutaten

Für 2 Pizzen und
4 Portionen

Für den Belag
4 rote Paprikaschoten
4 reife Tomaten
1 kleine Knoblauchzehe
Salz
Schwarzer Pfeffer
aus der Mühle
1 dickes Bund Basilikum
100 ml Olivenöl
500 g Mozzarella

Außerdem
Backpapier

Pizza mit geschmortem Blattgemüse und Dillöl

Zutaten

Für 4 Pizzen

Für den Teig
500 g Mehl
1 Päckchen Trockenhefe
2 TL Zucker
2 TL Salz

Für den Belag
1 kg Grüngemüse
(z. B. Spinat, Mangoldblätter,
Rucola, Mairübchenblätter)
1 Bund Dill
100 ml Olivenöl
Salz
Gemörserter Pfeffer
4 reife Tomaten
400 g Ziegenkäse

Außerdem
Backpapier

Pizzateig selbst machen ist wirklich ein Klacks. Dieses Grundrezept können Sie natürlich auch für die tomatigen Klassiker verwenden, aber hier haben wir herzhafte Winteraromen mit typischem Pizzafeeling kombiniert.

1. Für den Teig alle Zutaten mit 300 ml lauwarmem Wasser verrühren und abgedeckt an einem warmen Ort 1 Stunde gehen lassen. Dann gut durchkneten und bei Bedarf noch mehr Mehl einkneten.

2. Für den Belag das Grüngemüse putzen, waschen und fein hacken. Beiseitestellen. Den Dill kalt abbrausen, trockenschütteln und die Blättchen abzupfen. Mit dem Pürierstab zusammen mit dem Olivenöl pürieren und leicht salzen und pfeffern.

3. Den Ofen auf 250 °C vorheizen. 2 EL Dillöl in einer Pfanne erhitzen und das Gemüse darin mehrere Minuten dünsten, bis es zusammenfällt. Die Tomaten waschen, vom Stielansatz befreien und mit dem Pürierstab zerkleinern. Salzen. Den Ziegenkäse fein würfeln.

4. Den Teig in vier Portionen teilen. Nochmals durchkneten, dann zu Pizzarunden formen und einen dicken Rand einschlagen. Die Pizzen auf mit Backpapier ausgekleidete Backbleche legen. Erst das Tomatenpüree auf dem Boden verstreichen, darüber das Blattgemüse verteilen und darauf die Ziegenkäsewürfel. Mit dem restlichen Öl beträufeln. Die Pizzen etwa 15 Minuten backen, bis der Teig knusprig und der Mozzarella zerlaufen ist.

Chicorée-Gugelhupfs mit Speck

Zutaten

Für 12 Gugelhupfs
100 g Speckwürfel
100 g kalte Butter
2 Chicoréestangen
(etwa 500 g)
2 Eier
100 g Frischkäse
250 g Mehl
4 EL Maismehl
1 TL Backpulver
Salz
Schwarzer Pfeffer
aus der Mühle

Außerdem
Mini-Gugelhupfform

Die kleinen Gugelhupfformen sind auf einer Party wirklich ein Hingucker. Sie bekommen sie im gut sortierten Fachhandel oder im Internet. Sie eignen sich für süße und auch pikante Happen wie dieses Rezept. Wenn Sie gerne die etwas herzhaftere Note eines Ziegenfrischkäses mögen – hier passt er prima.

1. Den Ofen auf 180 °C vorheizen. Die Speckwürfel ohne weitere Fettzugabe in einer beschichteten Pfanne etwas anbräunen. 1 EL Butter unterrühren.

2. Die Chicoréestangen putzen, den bitteren Kern entfernen und die Stangen in feine Ringe schneiden. Die Ringe kalt abbrausen, trockenschleudern und mit dem Speck und der Butter einige Minuten ziehen lassen.

3. Die restliche Butter mit einer Reibe fein zerkleinern und in eine Rührschüssel geben. Die Eier mit dem Frischkäse verrühren und mit einem Rührmixer unter die Butter rühren, bis sie cremig ist.

4. Das Mehl mit dem Maismehl und dem Backpulver verrühren und unterziehen. Die angebratenen Speckwürfel mit den Chicoréestreifen unterrühren. Alles gut durchrühren, bei Bedarf noch etwas salzen und intensiver pfeffern.

5. Den Teig in die Form füllen und etwa 20 Minuten knusprig und hellbraun backen.

Brokkoli–Käse–Millefeuilles

Ja, Brokkoli ist so wie Grünkohl. Entweder man liebt ihn oder man hasst ihn. Der gesundheitliche Nutzen steht bei beiden Wintergemüsen außer Frage. Hier wird er mal gästefein zubereitet.

1. Den Ofen auf 220°C vorheizen. Den Brokkoli putzen, die Röschen in feine Scheiben schneiden und in kochendem Salzwasser kurz blanchieren. Die Stängel schälen, hacken und in Salzwasser etwa 4 Minuten weich garen, dann abgießen.

2. Die Blätterteigplatten gleichmäßig mit einer Gabel einstechen. Auf ein mit Backpapier ausgelegtes Backblech nebeneinanderlegen. Ein Kuchengitter direkt über die Platten legen, damit der Teig nicht so hoch aufgeht. Die Platten etwa 10 Minuten goldbraun backen. Die Platten aus dem Ofen nehmen, den Ofen aber nicht ausschalten.

3. Die Brokkolistängel mit der Sahne und dem Parmesan mit dem Pürierstab fein musen. Die Knoblauchzehe abziehen, fein hacken, unterrühren, alles pikant mit Salz, Pfeffer und Rosenpaprika würzen.

4. 4 Teigplatten mit dem größten Teil der Brokkolifüllung bestreichen, nochmal 5 Minuten backen, bis der Käse geschmolzen ist.

5. Zum Anrichten die Teigplatten mit Brokkolibelag auf 4 Tellern verteilen. Darüber die leeren Teigplatten anrichten. Darauf die restliche Füllung und die in Scheiben geschnittenen Brokkoliröschen anrichten.

Zutaten

Für 4 Portionen
1 mittelgroßer Brokkoli (ca. 400 g)
Salz
8 Blätter TK-Blätterteig
100 g Sahne
4 EL geriebener Parmesan
1 kleine Knoblauchzehe
Schwarzer Pfeffer aus der Mühle
1 Msp. Rosenpaprika

Außerdem
Backpapier
Kuchengitter

Sellerie–Pie mit zweierlei Käse

Zutaten

Für 1 Pie und
etwa 10 Portionen

1 kleine Sellerieknolle
(etwa 500 g)
3 EL Butter
1 Haushaltszwiebel
150 g aromatischer
Reibekäse
80 g Ziegenfrischkäse
1 TL Würzsalz (z. B. mit Chili)
Abrieb von 1 Bio-Zitrone
1 TK-Blätterteig

Außerdem

Mittelgroße Pie-
oder Auflaufform
Kuchengitter

Wenn Sie den Sellerie vor dem Backen blanchieren, schmeckt er nicht so streng, denn das ist es, was viele Leute von Sellerie abhält. Ich persönlich liebe ihn.

1. Die Sellerieknolle schälen, in ganz feine Scheiben schneiden und 2 Minuten im heißen Wasser blanchieren, dann abtropfen lassen und beiseitestellen.

2. Die Butter in einer Pfanne erhitzen. Die Zwiebel abziehen, ganz fein hacken und in der Butter etwa 5 Minuten glasig dünsten.

3. Den Sellerie und die Zwiebeln in eine Pie- oder Auflaufform füllen, salzen, darüber die Käse schichten und mit dem Abrieb der Zitrone bestreuen.

4. Die Auflaufform mit Blätterteig abdichten. Im Kühlschrank 30 Minuten durchkühlen lassen. Inzwischen den Ofen auf 200 °C vorheizen.

5. Den Teigdeckel mit einem feuchten Küchenpinsel einstreichen. Die Auflaufform in den Ofen schieben und direkt darüber ein Kuchengitter legen; dann geht der Blätterteig nicht auf.

6. Das Kuchengitter nach 20 Minuten entfernen und die Hitze auf 180 °C drosseln. Den Pie noch etwa 10 Minuten backen, bis der Sellerie durchgegart ist. Dunkelt der Teig während dieser Zeit zu sehr ein, kann er mit Alufolie abgedeckt werden.

Pilzquiche

Für diese Pilzquiche können Sie alle selbst gesammelten oder wie Champignons selbst gezogenen Pilze verwenden. Wenn Sie es sehr pilzkräftig im Geschmack mögen, eignen sich getrocknete Pilze. Einfach mit einer Muskatreibe unter den Teig reiben (für diese Quiche beispielsweise 3 getrocknete Morcheln rechnen).

1. Für den Teig die Butter in kleine Flocken schneiden oder mit einer Reibe in eine Schüssel raspeln. Die restlichen Zutaten und 1 Eierbecher eiskaltes Wasser unterrühren und mit dem Rührmixer rühren, bis sich ein Teig bildet. Den Teig in Frischhaltefolie wickeln und 1 Stunde kühlen.

2. Den Ofen auf 180 °C vorheizen. Für die Füllung die Butter in einer großen Pfanne erhitzen. Die Zwiebel abziehen und ganz fein hacken. In die Butter geben und 5 Minuten glasig dünsten.

3. Die Pilze putzen, gegebenenfalls von Erde befreien und mit einem feuchten Küchentuch abreiben. Fein schneiden und unter die Zwiebelwürfel rühren. 3 EL Wasser angießen. Die Pilze abgedeckt 5 Minuten schmoren lassen, bis das Wasser verdampft ist.

4. Den Teig auf einer bemehlten Arbeitsfläche ausrollen. Eine Form einfetten und den Teig einpassen.

5. Die Sahne und die Eier verschlagen, unter die Pilzmasse rühren und pikant würzen. In die Form gießen. Den Zitronenthymian kalt abbrausen, trockenschütteln und in einem schönen Muster darüber anordnen. Etwa 25 Minuten goldbraun backen, bis die Kruste fest und die Eiermasse gestockt ist.

Tipp: Diese Quiche ist auch ein edler Käseverwerter. Wenn Sie Reste von Hart- oder Schnittkäse haben, einfach über die Quiche reiben. Das gibt eine schöne goldbraune Kruste.

Zutaten

Für 1 Quiche und etwa 8 Portionen

Für den Teig
100 g eiskalte Butter
200 g Mehl
1 TL Salz
1 TL Zucker
1 Ei

Für die Füllung
3 EL Butter + Butter zum Einfetten
1 rote Zwiebel
300 g Pilze nach Belieben (z. B. Champignons, Egerlinge, Kräuterseitlinge)
200 g Sahne
2 Eier
Salz
Schwarzer Pfeffer aus der Mühle
5 Stängel Zitronenthymian

Außerdem
Mittelgroße Quichebackform oder Springform

Spinatstrudel mit Speckwürfeln

Zutaten

Für 1 Strudel und etwa 6 Portionen

50 g Rosinen
1 Schuss Schnaps oder Wasser
1 kg Spinat
1 Msp. Muskatnuss
100 g Speckwürfel
100 g Butter
1 küchenfertiger Strudelteig aus dem Kühlregal
150 g Schmand
Salz
Schwarzer Pfeffer aus der Mühle

Außerdem

Backpapier

Mittlerweile gibt es wirklich guten küchenfertigen Strudelteig, sodass Sie sich die Arbeit nicht mehr machen müssen. Salzig, mineralisch, süß sind hier die Grundkomponenten, und das schmeckt sehr lecker, auch als Mittagsimbiss.

1. Die Rosinen in einem Schüsselchen in etwas Schnaps oder warmem Wasser einweichen. Den Ofen auf 200 °C vorheizen.

2. Den Spinat verlesen, dicke Stängel entfernen, mindestens zweimal in kaltem Wasser waschen, jedes Mal gut ausdrücken. Den Spinat in einem großen Topf mit der Muskatnuss 5 Minuten köcheln, bis er zusammengefallen ist.

3. Die Speckwürfel ohne weitere Fettzugabe in einer beschichteten Pfanne bei mittlerer Hitze anbraten, bis sie ihr Aroma entfalten.

4. Die Butter in einem Töpfchen im heiß werdenden Ofen zerlassen. Mit einem Küchenpinsel die Lagen des Strudels mit Butter bestreichen, dann wieder übereinander und auf ein mit Backpapier ausgelegtes Backblech legen.

5. Die Rosinen abtropfen lassen, mit dem Spinat und den Speckwürfeln mit dem Schmand verrühren, bei Bedarf salzen und pfeffern. Die Füllung in der Mitte des Strudels verstreichen. Strudel zusammenrollen, die restliche Butter darauf verstreichen.

6. Strudel etwa 20 Minuten knusprig goldgelb backen und noch warm servieren.

Pastinaken-Küchlein mit Limettenchutney

Zutaten

Für etwa 15 Küchlein

3 mittelgroße Pastinaken,
1 EL Limettenchutney, Salz,
200 g Schmand, 2 Eier,
125 g kalte Butter + Butter
zum Einfetten, 250 g Mehl,
1 TL Backpulver

Außerdem
Muffinform

Je länger sie lagern, desto süßer werden Pastinaken. Das Limettenchutney gibt eine fruchtige Schärfe dazu. Sie finden solche Chutneys im Asienladen oder im gut sortierten Lebensmittelgeschäft. Diese Küchlein können Sie übrigens auch ohne Rührmixer oder Küchenmaschine zubereiten.

1. Den Ofen auf 180 °C vorheizen. Die Pastinaken schälen und mit der Reibe oder in der Küchenmaschine fein raspeln. Mit dem Limettenchutney und einer Prise Salz in einer großen Schüssel verrühren. Den Schmand mit den Eiern verquirlen und unter die Pastinaken rühren. Die Butter in Flocken schneiden oder auf der Reibe fein reiben und unterrühren.

2. Das Mehl mit dem Backpulver verrühren und unter den Teig sieben. Sorgfältig und gleichmäßig verteilen. Die Muffinform einbuttern und den Teig hineinfüllen. Etwa 25 Minuten goldbraun und etwas knusprig backen.

Brunnenkresse-Brötchen

Zutaten

Für etwa 10 Brötchen

200 ml Milch, 1 Päckchen
Trockenhefe, 1 EL flüssiger
Honig, 100 g Butter,
400 – 450 g Mehl, 1 TL Salz,
1 Bund Brunnenkresse

Außerdem
Backpapier

Brunnenkresse ist in England so gebräuchlich wie bei uns Rauke. Und wie diese ist auch Brunnenkresse ein Kraut, das die Großmütter noch kannten. Es gilt als Heilkraut und ist überdies sehr aromatisch.

1. Die Milch in einem kleinen Topf erwärmen. Die Hefe und den Honig unterrühren. Abgedeckt etwa 15 Minuten gehen lassen, bis die Hefe aktiv ist und sprudelt. In eine Schüssel umfüllen. Die Butter in dem Topf zerlassen. Unter die Hefemischung rühren. 400 g Mehl und das Salz unterrühren. Abgedeckt 4 Stunden bei Zimmertemperatur gehen lassen, dann durchkneten. Abgedeckt noch mal 1 Stunde gehen lassen.

2. Den Ofen auf 180 °C vorheizen. Die Brunnenkresse waschen und trockenschütteln. Die Blättchen abzupfen, fein hacken und unter den Teig rühren. Falls der Teig zu flüssig ist, noch mehr Mehl einarbeiten. Brötchen aus dem Teig formen, auf ein mit Backpapier ausgelegtes Backblech legen und etwa 20 Minuten backen, bis sie Farbe haben, aber noch weich sind.

Sellerierösti mit Spiegelei

Sellerie und Kartoffel passen hervorragend zusammen, als Püree, aber auch als Rösti. In der Schweiz gelten solche Rösti als Hauptgericht.

1. Den Ofen auf 180 °C vorheizen. Die Sellerieknolle und die Kartoffeln schälen und ganz fein raspeln. In einem sauberen Küchentuch gut auswringen und beiseitestellen. Die Zwiebel abziehen und ebenfalls fein hacken.

2. Die Sellerieknollenstückchen mit den Kartoffelraspeln und den Zwiebeln in eine Schüssel geben. Ein Ei und das Mehl unterrühren. Pikant abschmecken. Zwei flache Fladen formen.

3. Das Olivenöl in einer ofenfesten Pfanne erhitzen. Die Fladen von beiden Seiten bei mittelhoher Hitze 4 Minuten anbräunen, dann den Ofen ausschalten und die Fladen im abkühlenden Ofen noch etwa 10 Minuten backen, bis sie gar sind.

4. Die Butter in einer Pfanne zerlassen. Die beiden restlichen Eier darin zu Spiegeleiern braten, salzen und pfeffern. Den Schnittlauch kalt abbrausen, trockenschütteln und in feine Röllchen schneiden.

5. Die Rösti auf zwei Teller setzen, darüber die Spiegeleier anrichten und mit Schnittlauch bestreuen.

Zutaten

Für 2 Rösti und
2 Portionen

½ Sellerieknolle
(etwa 250 g), 2 Kartoffeln,
1 kleine Haushaltszwiebel,
3 Eier, 3 EL Mehl, Salz,
schwarzer Pfeffer aus der
Mühle, 2 EL Olivenöl,
2 EL Butter, 1 kleines Bund
Schnittlauch

Außerdem
Ofenfeste Pfanne

Tarte mit Rotwein-Radicchio

Zutaten

Für 1 Tarte und etwa 6 Portionen

3 Schalotten
4 EL Butter + Butter zum Einfetten
1 Prise Zucker
Salz
Schwarzer Pfeffer aus der Mühle
1 mittelgroßer roter Radicchio
1 Glas Rotwein (kann ein Rest sein)
2 EL Rosinen oder nach Belieben
4 Stängel Thymian
1 TK-Blätterteig

Außerdem

Backpapier

Herzhaftes für kalte Winternächte und tiefdunklen Rotwein. Lauwarm schmeckt diese Tarte am besten, für die wir fertigen Teig verwendet haben. Dann dauert es von der ersten Idee bis zu erstem Biss nicht länger als eine halbe Stunde.

1. Den Ofen auf 190 °C vorheizen. Die Schalotten abziehen und in hauchdünne Streifen schneiden. 2 EL Butter in einer Pfanne zerlassen und die Schalotten darin mit dem Zucker etwa 8 Minuten weich dünsten. Schalotten salzen und pfeffern.

2. Die Radicchioblätter lösen, waschen, trockentupfen und in feine Streifen schneiden. In einer zweiten Pfanne die restliche Butter zerlassen. Den Radicchio 2 Minuten darin dünsten, dann mit Rotwein ablöschen. Die Rosinen, falls verwendet, unterrühren und etwa 5 Minuten mit quellen lassen. Den Thymian kalt abbrausen, trockenschütteln und unterrühren.

3. Den TK-Blätterteig auf eine Arbeitsplatte legen, ein Rund ausschneiden und dieses gleichmäßig mit einer Gabel einstechen. Den Rand zweimal nach innen schlagen. Auf ein mit Backpapier ausgelegtes Backblech legen.

4. Den Radicchio mit Sud darauf verteilen und darüber die geschmolzenen Schalotten mit Sud anrichten. Die Thymianstängel entfernen. Etwa 12 Minuten knusprig braun backen.

Rezeptverzeichnis

Angel Cake mit Erdbeeren 26
Apfelkuchen mit Quittengelee 107
Apfelküchlein mit Zimthaube 110
Apfelscones mit Käsefüllung 148
Aprikosen-Himbeer-Törtchen 50
Auberginenpizza mit Schalotten 120

Baba au rhum mit Sommerbeeren 48
Bärlauch-Käse-Teilchen 32
Biskuitrolle mit roten Beeren 74
Blätterteigbirnen mit Gorgonzola 120
Blaubeer-Zitronen-Torte 70
Blaubeermuffins 20
Blumenkohl-Crumble mit Speck 38
Blumenkohltarte mit Serrano-Schinken 121
Brokkoli-Käse-Millefeuilles 157
Brokkolimuffins mit Chipotlecreme 127
Brombeer-Ricotta-Küchlein 58
Brombeerkrümelkekse 147
Brotpudding mit Calvados-Äpfeln 102
Brunnenkresse-Brötchen 162
Bunte Johannisbeerentartes 76
Buttermilch-Birnen-Cobbler 52

Chicorée-Gugelhupfs mit Speck 154
Clafoutis mit Holunderbeeren 105
Crêpes mit Frühlingskräutern 30

Eclairs mit Johannisbeerfüllung 55
Englische Erdbeerküchlein 16
Englischer Mushroom Pie 128
Erbsenflan mit Schnittlauch 34
Erdbeer-Pavlova 24

Fenchel-Käse-Pie mit eingelegten Tomaten 116
Französische Kürbistarte 132

Gegrillter Tomaten-Käse-Sandwich 85
Grüne Blättchen auf Crostini 128

Heidelbeer-Lavendel-Törtchen 58
Himbeer-Mandel-Kuchen 64

Karotten-Cupcakes mit Frischkäse 108
Karottenkuchen mit Bananen 103
Karottenkuchen mit Nüssen 64
Karottenkuchen mit Ziegenkäse 114
Karottenmuffins 82
Kartoffelbrot 32
Kastanienkuchen mit Schokolade 106
Knusprige Karotten-Paprika-Tarte 124
Krümelkäsekuchen mit Beerenboden 66
Kuchen mit Fenchel und Kräutern 129
Kuchen mit marinierten Pflaumen 145
Kürbiskuchen mit Pinienkernen 119
Kürbismuffins mit Zimt 111

Lauch-Käse-Frittata 36
Lauchkuchen mit Blauschimmelkäse 33
Lavendelkekse 144
Linzer Plätzchen 59

Maisbrot zu Tomatenmarmelade 88
Marzipan-Mirabellen-Tarte 60
Mohn-Pfirsich-Kuchen 65

Nektarinen-Pfirsich-Galette 62

Parmesankuchen mit Paprikaschoten 130
Pastinaken-Küchlein mit Limetten-chutney 162
Pikanter Spinat-Champignon-Kuchen 29
Pilzquiche 159
Pizza mit eingelegten Zucchini und Blauschimmelkäse 150
Pizza mit gegrillten Paprikaschoten und Basilikumöl 151
Pizza mit geschmortem Blattgemüse und Dillöl 152
Polenta-Pizza mit Gemüse 122

Quitte-Zimt-Kastenkuchen 72
Quitten-Birnen-Crumble 111

Rhabarber-Biskuit-Törtchen 21
Rhabarbertorte meiner Mutter 18
Ricottakuchen mit Kirschkompott 53
Rote-Bete-Muffins mit Kokosnuss 103

Sauerkirsch-Küchlein mit Waldmeister-Sahne 23
Schokoladenkuchen mit Roter Bete 113
Sellerie-Pie mit zweierlei Käse 158
Sellerierösti mit Spiegelei 163
Sommerfrüchtekuchen mit Crème caramel 69
Spargelquiche mit Zitronencreme 37
Spargelteilchen mit Schinkenstreifen 28
Spinatstrudel mit Speckwürfeln 160
Stachelbeer-Biskuit-Tartelettes 72
Stachelbeer-Trifle mit selbst gebackenen Mandelkeksen 56
Süß-pikanter Mangold-Pie 80

Tarte mit Rotwein-Radicchio 164
Tarte Tatin mit Apfelteearoma 100
Tomaten-Parmesan-Kuchen 89
Tomatentarte mit Basilikum 86
Trauben-Mandel-Kastenkuchen 52
Tröpfchentorte mit Reineclaudenfrucht 142

Walnusstarte mit Dicken Bohnen 36

Zucchinigugelhupf mit Tomatencoulis 90
Zucchinikuchen mit Oliven und Camembert 83
Zucchinikuchen mit Zitronenguss 73
Zwetschgen-Haferflocken-Crumble 78

Bildnachweis

Alle Fotos von Tanja Bischof, Major Photo Stills & Food, außer: Harry Bischof S. 31, 35, 39, 51. Fotolia: gryth S. 12; fahrwasser S. 96 links; lohner63 S. 137. Shutterstock: Igor Borodin S. 10; David Gilder S. 11; Jiri Hera S. 138; Bernd Juergens S. 140 rechts; Anastasiia Kryvenok S. 98; Robert Mertl S. 140 links; Kati Molin S. 15, 136; Gudrun Muenz S. 44; NatBarth S. 99; Pavelk S. 96 rechts; sanddebeautheil S. 47, 139; Santia S. 94; Anna Subbotina S. 42; tazzymoto S. 97; topseller S. 95; Sally Wallis S. 141. Uwe Tölle S. 167 (Autorin)

Über die Autorin

26 Kochbücher hat **Gabriele Gugetzer** mittlerweile geschrieben. Dabei lernte sie das Kochen erst im Alter von 25 Jahren, in Südkalifornien. Ihr Stipendium an der sündhaft teuren Universität ging ganz für Bücher und Busfahrten zum Strand (Surfer!) drauf. Essen gehen war völlig außer Frage. Da sie keinesfalls unter Heimweh litt, brachte sie sich die neue kalifornische Küche bei – leicht, lecker und gesund.
Nach weiteren beruflichen Stationen in London, München und Köln lebt sie mittlerweile in Hamburg, ein bisschen versteckt und sehr lauschig hinter einem Kräuter- und Blumenbalkon. Sie ist zwar keine Vegetarierin, liebt aber Obst und Gemüse über alles.
Gabriele Gugetzer ist ebenso leidenschaftliche Büchermacherin wie passionierte Reisende und hat als Reisejournalistin schon viele Ecken der Welt bereist, zwischen Melbourne, dem Mölltal und dem argentinischen Weinviertel Mendoza. Sie schreibt darüber für Zeitschriften wie *Grazia*, *Stern Gesund Leben*, *Meine Gute Landküche* und *BEEF!*.
Nach *Geschenke aus der Landküche* ist dies ihr zweites Buch für den BLV Buchverlag.

Über die Fotografen

Tanja Bischof ist gelernte Köchin mit Erfahrung aus Sterne- und Gourmetküchen. Seit 1994 hat Sie sich auf Foodstyling & Foodfotografie für Kochbücher, Foodmagazine und Werbung spezialisiert.

Harry Bischof ist Foodfotograf aus Liebe zum Kochen. Neben allem Essbaren fotografiert und porträtiert er auch berühmte Köche und Genießer. Seit 1985 betreibt er sein Fotostudio L'Eveque in der Münchner Innenstadt.

Impressum

Bibliografische Information der Deutschen Nationalbibliothek

Die Deutsche Nationalbibliothek verzeichnet diese Publikation in der Deutschen Nationalbibliografie; detaillierte bibliografische Daten sind im Internet über http://dnb.d-nb.de abrufbar.

 BLV Buchverlag
GmbH & Co. KG

80797 München

© 2014 BLV Buchverlag GmbH & Co. KG, München

Grafiken: Fotolia: Alexkava; annata78

Umschlagkonzeption: Kochan & Partner, München
Umschlagfotos: Tanja Bischof, Major Photo Stills & Food

Layoutkonzept Innenteil: griesbeckdesign, München
Lektorat: Stella Rahn
Herstellung: Ruth Bost
Satz und Umbruch: Satz+Layout Fruth GmbH, München

Gedruckt auf chlorfrei gebleichtem Papier

Printed in Germany
ISBN 978-3-8354-1182-1

Hinweis
Das vorliegende Buch wurde sorgfältig erarbeitet. Dennoch erfolgen alle Angaben ohne Gewähr. Weder Autorin noch Verlag können für eventuelle Nachteile oder Schäden, die aus den im Buch vorgestellten Informationen resultieren, eine Haftung übernehmen.

Das umfassende Grundbackbuch

Hedwig Maria Stuber
Backen ganz einfach
Die neue »Back-Stuber«: 400 Rezepte, die garantiert gelingen · Echte
Klassiker und neue Back-Ideen: nationale und internationale Kreationen,
süß und pikant · Alle Rezepte vielfach erprobt und verfeinert, mit Step-
by-Step-Anleitungen und Arbeitsphasen-Fotos · Grundzubereitung von
Teigarten und Glasuren · Extra: mit Empfehlungen für glutenfreie Kuchen.
ISBN 978-3-8354-1245-3